Mathieu Brégégère

Mathieu Brégégère est un éducateur spécialisé de formation, qui enseigne la méditation dans le milieu scolaire à des adolescents. Son premier livre, *Et si la méditation était la solution ?*, est paru aux éditions Leduc en 2020.

Découvrez des contenus exclusifs avec l'application Marque-Page !

Comment utiliser l'application Marque-Page ?

1. Télécharger l'application*
sur l'App Store ou Google Play

2. Ouvrir l'application

3. Scanner la/les page(s) où le logo apparaît

** Hélas, l'application Marque-Page ne fonctionne pas avec* Windows Phone

Avec ce livre, découvrez 12 méditations exclusives de l'auteur !

Sans l'application Marque-Page, vous pouvez également accéder aux contenus directement via le lien suivant : https://blog.editionsleduc.com/méditationados.html

NOS ADOS :
ET SI LA MÉDITATION
ÉTAIT LA SOLUTION ?

ÉVOLUTION

Des livres pour vous faciliter la vie !

Ali REBEIHI et Christilla PELLÉ-DOUËL
Que dévoilent nos émotions ?
Grand bien vous fasse : la vie quotidienne, mode d'emploi

Valérie ROUMANOFF
Les Histoires magiques du soir

Valentin SPITZ
Et si vous arrêtiez de vouloir être un parent parfait ?

Thich NHAT HAHN
Voir en pleine conscience

Thich NHAT HAHN
Combattre en pleine conscience

W. Thomas BOYCE
L'Enfant orchidée et l'Enfant pissenlit

Lise BOURBEAU
La Guérison des 5 blessures

Marie KONDO
La Magie du rangement au travail

Fabrice MIDAL
3 minutes de philosophie pour redevenir humain

Mathieu BRÉGÉGÈRE
Nos ados : et si la méditation était la solution ?

Alexandre MARS
Ose !
Tout le monde peut devenir entrepreneur

Mathieu Brégégère

Préface de Fabrice Midal
Illustrations de Mélody Denturck

NOS ADOS : ET SI LA MÉDITATION ÉTAIT LA SOLUTION ?

Répondre aux besoins et désirs des ados

LEDUC.S
PRATIQUE

MIXTE
Papier issu de
sources responsables
FSC® C003309
FSC
www.fsc.org

L'éditeur de cet ouvrage s'engage dans une démarche de certification FSC® qui contribue à la préservation des forêts pour les générations futures.

Pour en savoir plus :
www.editis.com/engagement-rse/

Illustrations : Mélody Denturck

ISBN : 978-2-266-31766-5
Dépôt légal : septembre 2021

SOMMAIRE

Préface 9
Introduction 13
❶ Trouver sa voie 19
❷ Méditer avec des adolescents 69
❸ Et si on méditait ? 101
❹ Guide pratique 143
Remerciements 183
Table des matières 187

PRÉFACE

En lisant cet ouvrage, vous allez découvrir que la méditation offre beaucoup plus que ce que l'on croit généralement. Elle répond à des problématiques très diverses : permettre de cesser de se sentir « bête », surmonter la peur des autres et des moqueries, retrouver la maîtrise de son temps de sommeil, affronter le stress (par exemple, avant un examen), changer son rapport aux écrans…

Comment est-ce possible qu'un simple exercice puisse faire tout cela ?

En invitant chacun à renouer avec ses propres forces et possibles, la méditation permet de surmonter les difficultés et problèmes *propres à chacun.*

Mais il y a méditation et méditation. La force de l'approche de Mathieu Brégégère tient en grande partie à son parcours. Formé à la méditation à travers les sciences de l'éducation, puis auprès de l'École occidentale de méditation, Mathieu s'est mis à l'écoute des adolescents depuis de nombreuses années. Et c'est en apprenant à répondre à leurs vraies questions qu'il a inventé une approche qui renouvelle profondément nos conceptions.

J'y suis d'autant plus sensible que la transmission actuelle de la méditation m'inquiète. Il faut que je vous explique pourquoi.

J'ai découvert la méditation il y a plus de 30 ans et l'enseigne depuis 15 ans. J'ai été, en France, l'un des tout premiers à affirmer la nécessité d'une méditation laïque, accessible à tous. Sortir la méditation du cadre religieux était à l'époque considéré comme absurde. Aujourd'hui, la chose est acceptée.

Mais malheureusement, un nouveau problème a surgi. Au lieu de transmettre la pratique, on transmet une sorte de protocole désincarné et uniformisé. L'expérience est ainsi perdue et l'objectif visé est délétère.

La méditation est réduite à une méthode pour se calmer, comme si l'être humain, *a fortiori* l'enfant ou l'adolescent, était une machine, et qu'il disposait d'un bouton « arrêt » sur lequel il suffirait d'appuyer pour mettre fin aux difficultés, au stress et aux angoisses.

Il s'agit en fait d'un terrible contresens, d'un dévoiement de ce qu'est l'éducation. En réalité, quelle que soit la manière dont il l'exprime, l'enfant ou l'adolescent a besoin d'être entendu et reconnu. Il ne faut pas le contraindre à faire taire ses émotions, mais au contraire lui apprendre à faire la paix avec elles, à se réconcilier avec qui il est, à retrouver une sécurité intérieure, à reprendre confiance en ses propres ressources…

L'idée que nous nous faisons du calme comme une nécessité est, en réalité, mortifère. Du reste, comme le savent tous les marins, lorsque la mer est calme, les bateaux ne peuvent plus avancer !

N'invitons donc pas nos enfants à « se calmer », mais à faire la paix avec ce qu'ils vivent. C'est-à-dire, non pas à rejeter leurs émotions, leurs peurs, leur agitation, mais à l'inverse à *les rencontrer*, condition indispensable *pour les transformer*.

Au lieu de leur apprendre à considérer la honte, la peur ou la colère comme des fautes, des erreurs, apprenons-leur à les écouter, à les intégrer et les transformer. Vous verrez, cela change tout !

La situation est devenue à ce point malsaine qu'aujourd'hui, dans certaines écoles, les enfants dissipés, turbulents, sont parfois privés de récréation pour se voir imposer une séance de « pleine conscience ». Il y a là une véritable violence qui s'exerce à leur encontre de la part de certains adultes qui refusent d'entendre le sens de leur malaise et de se pencher sur la cause réelle de leurs difficultés.

En procédant ainsi, on n'écoute pas les besoins sous-jacents aux comportements des enfants, qui devraient, comme l'explique la psychothérapeute Isabelle Filliozat, constituer le socle de toute éducation empathique. Au lieu de cela, on leur présente un modèle selon lequel il faudrait se contrôler, se « gérer ». Les conséquences seront lourdes.

Toutes les recherches en sciences de l'éducation et en sciences cognitives nous apprennent que le cerveau de l'enfant et de l'adolescent a besoin d'une forme de sécurité affective pour pouvoir se développer, y compris cognitivement. C'est en parvenant à entrer en rapport avec ce qui lui paraît inquiétant, difficile, troublant, que l'enfant se développe et devient plus adulte. Certainement pas en niant ses émotions.

Fort de cette connaissance, Mathieu Brégégère présente un rapport beaucoup plus sain à la méditation, qui pourrait révolutionner nos usages. Dans les établissements scolaires, il fait méditer les adolescents non pour nier ce qu'ils sont, mais au contraire pour les aider à faire la paix avec leur propre vulnérabilité, avec leurs failles et leur tendresse – sans jamais leur cacher les siennes. Autrement dit, la méditation lui permet d'établir avec eux et entre eux un espace de rencontre, de dialogue qui est plus que jamais nécessaire aujourd'hui.

Les adolescents vont hériter d'un monde en danger, d'un monde malade, d'un monde en crise. Il faut leur donner confiance dans leur capacité à faire quelque chose, à agir. Arrêtons de leur présenter un modèle qui renforce l'impuissance – car c'est bien cela qui est en train de se passer. À force de leur parler de calme, de « gestion du stress » et autres techniques de « management des émotions », on ne leur apprend pas à mobiliser leurs forces, leurs atouts, à se montrer inventifs. Au risque de choquer certains, je crois qu'aujourd'hui la transmission de la pratique de la méditation est parfois faite de manière insensée et fautive, alors qu'elle peut aussi – et ce livre le prouve – être un élément décisif de l'éducation qu'il faut aujourd'hui inventer.

J'espère que, grâce à ce livre, on comprendra que la méditation peut être une chance formidable pour aider les enfants et les adolescents à devenir de meilleurs êtres humains, plus heureux et en lien avec leurs désirs.

Fabrice Midal

Auteur de *Foutez-vous la paix ! et commencez à vivre*, Pocket, 2017.

INTRODUCTION

Dans ce lycée professionnel parisien, je m'apprête pour la première fois à intervenir devant des élèves en tant qu'instructeur de méditation. L'enseignante qui m'accompagne m'a prévenu : il s'agit d'une classe de première, celle qui pose le plus de difficultés et que la plupart de ses collègues redoutent. Pour moi, c'est un baptême du feu : je suis à la fois très enthousiaste, convaincu de la pertinence de ma démarche et totalement stressé. En tant qu'éducateur de rue, j'ai l'habitude d'écouter des adolescents en grande difficulté et de leur apporter mon aide, mais cette fois, il s'agit de leur transmettre une pratique qui leur est inconnue. Comment les accrocher, leur montrer la réalité de ce qu'est la méditation ? Comment leur faire comprendre que je ne suis pas là pour leur « vendre » un outil de « gestion » du stress ? Leur faire sentir que méditer n'est pas une technique pour calmer leur esprit et chasser les pensées ? Leur expliquer, aussi, que la méditation n'a rien à voir avec une religion ?

En entrant dans la classe, je comprends vite que je me pose bien trop de questions, ou alors pas les bonnes : face à l'enseignante qui s'efforce d'imposer le silence, la moitié des élèves ont gardé leur manteau, sac posé sur la table, ou sont rivés à leur portable. Ma première impression, c'est que la plupart d'entre eux n'ont tout simplement aucune envie d'être là. La seconde, c'est que je n'y arriverai jamais ! Quand l'enseignante me présente et explique pourquoi je suis là, que je vais leur enseigner la méditation une heure par semaine, les rires et les remarques fusent :
— C'est le truc des moines Shaolin ? On va apprendre à se battre ?
— T'as rien compris, c'est pour se relaxer !
— Ah non, comptez pas sur moi pour m'allonger dans la classe !
Je sens alors revenir mes réflexes d'éducateur de rue. En observant le groupe, je constate qu'il y a trois « meneurs » : si j'arrive à les accrocher, eux, je sais que le reste de la classe suivra. Mais je dois me montrer malin et passer par d'autres voies que celles que j'avais en tête. Autrement dit, pas question de les brancher directement sur la méditation : ça ne marchera jamais. Je laisse alors tomber mes notes

et leur explique que je suis très heureux d'être là, devant eux, mais aussi très stressé, comme chaque fois que je dois parler en public. Je leur dis que quand j'avais leur âge, j'étais d'une timidité maladive et que la simple idée d'être interrogé en classe me faisait perdre mes moyens. Face à moi, l'ambiance commence à changer. Les élèves sont plus attentifs. J'entends encore des rires, mais de connivence, cette fois : ils sont avec moi. Alors je me lance :

— Si je suis capable de vous parler aujourd'hui, c'est parce que la méditation m'a appris à apprivoiser ce stress. Pas à le chasser, non, mais à faire avec. Voilà ce que je voudrais vous faire découvrir.

À ce moment, je sens un soulagement dans le groupe, une détente, un réel intérêt pour ce que j'ai à leur dire. Nous pouvons alors commencer la séance.

Pour moi, c'est le premier déclic : pour être entendu par ces adolescents, j'ai besoin de leur parler un langage authentique, sans leur cacher mes propres difficultés, bien au contraire. Et à vrai dire, moi, l'ancien cancre, en matière d'imperfection, je n'ai pas à chercher bien loin !

Il y a 15 ans, après une scolarité douloureuse dans un milieu dont l'amour et la bienveillance n'étaient pourtant pas absents, loin de là, j'ai choisi d'exercer le métier d'éducateur spécialisé auprès de jeunes en grande difficulté. Mes études, puis le contact avec ces adolescents ont fait naître de nombreux questionnements, me permettant de poser un regard nouveau sur ma propre adolescence. Pourquoi, malgré le contexte familial privilégié dans lequel j'avais grandi, m'étais-je senti si « nul » durant cette interminable période ? Quelle était l'origine de ce sentiment d'échec, de cette haine de moi-même et de ce que je ressentais comme d'insupportables faiblesses ? Pourquoi les adultes, que je jugeais pourtant si parfaits, étaient-ils incapables de m'aider ? Et pourquoi me terrifiaient-ils à ce point ?

À force de revenir sur ces questionnements, j'ai fini par comprendre qu'une bonne part de ce sentiment d'échec venait du fait que ma vision des adultes était fausse : contrairement à ce que j'avais toujours cru, ils ne sont pas parfaits ! Seulement, combien d'entre eux acceptent de l'admettre, de reconnaître leur part de vulnérabilité ? En s'y refusant, volontairement ou non, ils entretiennent cette illusion de perfection auprès des enfants et des adolescents. Pour ces derniers, les adultes sont certes des modèles, mais inatteignables. Or dans cette période de mouvement, d'instabilité qu'est l'adolescence, cet effet de miroir déformant peut avoir des répercussions dévastatrices, notamment sur l'estime de soi : face aux adultes qui leur apparaissent comme infaillibles, parfaits, les adolescents, déjà fragilisés, ne voient plus que leurs propres défauts.

Conscient de cet écueil, je me suis donc efforcé, dans mon métier d'éducateur, d'adopter avec ces jeunes la parole la plus authentique possible, sans leur cacher mes propres faiblesses, pour leur permettre de souffler un instant lorsqu'ils étaient en ma compagnie.

En 2012, j'ai découvert la méditation. Je ne pense pas être excessif en affirmant que cela a changé non seulement ma pratique professionnelle, mais aussi ma vie, mon attitude au quotidien, la perception que j'avais de moi-même et, réciproquement, celle que les autres avaient de moi. Cela a achevé de me convaincre que la seule manière de retisser un lien véritable avec mes semblables, et *a fortiori* avec les adolescents, était la voie de l'authenticité pour laisser toujours plus d'espace à la voix du cœur. Il me faut d'emblée préciser que ce que j'entends ici par « méditation » n'a rien à voir avec la vision galvaudée qui s'impose aujourd'hui. Je ne médite pas pour « me calmer », « garder le contrôle » et pratiquer une sorte de gymnastique mentale abstraite. Non. Méditer m'a fait découvrir précisément l'inverse : qu'il est possible de rencontrer et d'accepter mes émotions, mes fragilités – mon humanité – telles qu'elles sont, et que cela fait un bien fou.

C'est de cette autre approche, libératrice, de la méditation, que j'entends parler dans ce livre.

J'en ai tiré les conclusions qui s'imposent et je me suis formé pour devenir moi-même instructeur de méditation. Aujourd'hui, mon métier consiste notamment à transmettre la méditation dans les collèges et les lycées, et je constate chaque jour les bienfaits de cette pratique sur les adolescents. Elle constitue un accompagnement adapté pour les aider à apprivoiser leur corps qui change, à accueillir l'intensité émotionnelle qui entoure les bouleversements propres à leur âge, à développer la sensation d'être pleinement présent, plus libre – à s'accepter tels qu'ils sont pour retrouver le chemin de la confiance. Dans un monde où l'immédiateté est la norme, où l'on est sollicité de toute part, la méditation peut aussi les aider à retrouver une attention qui leur fait souvent défaut et s'extraire de la spirale du divertissement imposée par les écrans omniprésents. À réapprendre à se poser enfin, dans le présent.

À travers ce livre, à la fois récit et guide pratique, je souhaite offrir un double témoignage. D'abord celui de mon propre parcours, non dans une démarche autocentrée, mais parce qu'il est intimement lié à mon approche singulière de la méditation avec les adolescents et qu'il me semble être une assez bonne métaphore du message révolutionnaire porté par cette pratique : ce n'est qu'en rencontrant sa propre vulnérabilité et en l'assumant peu à peu que l'on parviendra à manifester une confiance authentique. Ensuite et surtout, appuyé par de nombreuses situations vécues sur le terrain, je vais témoigner de cette expérience au sein des établissements scolaires, désormais bien ancrée dans certains d'entre eux et qui ne cesse de s'étendre à mesure qu'elle fait ses preuves : beaucoup d'enseignants auprès desquels j'interviens se sont approprié la pratique de la méditation et l'appliquent dans leur classe, au quotidien pour certains ou à des moments cruciaux pour d'autres, avant les examens ou simplement pour offrir un moment de pause aux élèves, parfois à leur demande.

Il s'agit à présent de mettre mon expérience de la méditation dans les établissements scolaires à la portée de tous, des professionnels et des familles, et bien entendu, des adolescents eux-mêmes, de proposer un éventail de possibilités issues de ma pratique spécifique auprès de ces jeunes, qui ne sont pas des méditants comme les autres : un accompagnement « sur mesure » destiné à les aider à franchir ce cap délicat, plein d'écueils et de promesses, qu'est l'adolescence.

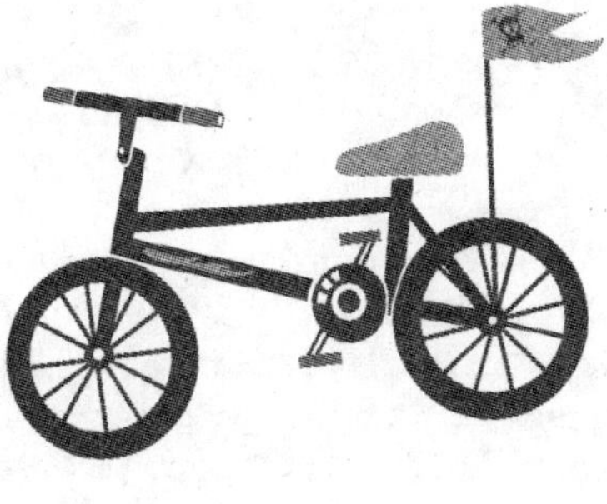

1
TROUVER SA VOIE

J'ai grandi au milieu d'une fratrie de cinq enfants, entre deux frères aînés issus d'un premier mariage et des sœurs jumelles de 3 ans mes cadettes. Nous avions beau être très unis, je ne pouvais m'empêcher de me sentir comme le vilain petit canard de cette famille : mes frères faisaient de bonnes études et mes sœurs adoraient l'école, tandis que je me débattais dans des difficultés scolaires qui me semblaient inextricables.

Perpétuellement mal dans ma peau, je me sentais en décalage par rapport à mes frères, mes sœurs, mais aussi mes camarades, comme si je n'avais pas ma place à l'école. Il faut dire que dès la maternelle, je me suis perçu comme un cancre, un « nul », maladroit et brouillon, incapable de découper droit ou de colorier sans dépasser.

À 6 ans à peine, j'avais déjà perdu toute confiance en mes capacités : en CP, je ne pouvais pas faire un devoir sur table sans copier sur mon voisin. L'année suivante, terrorisé par un instituteur qui me menait la vie dure, j'ai même déclaré à mes parents, consternés, que je voulais arrêter l'école.

Bien plus tard, lorsque ayant enfin trouvé ma voie, j'ai commencé à m'épanouir dans les études et à réfléchir à mon histoire de vie, je me suis demandé pourquoi je m'étais créé cette image de mauvais élève. Pourquoi j'avais cultivé ainsi ce sentiment aigu de ne pas être dans la norme ? Pourquoi, à l'époque, je me sentais nul, idiot, toujours à la traîne ? Pourquoi, surtout, je me sentais incompris par les enseignants et les adultes en général, que je ne pouvais m'empêcher de voir comme des êtres à la fois parfaits et terrifiants ?

Par bonheur, j'étais bien intégré parmi mes camarades, ce qui m'a sans doute évité de basculer dans la phobie scolaire, et j'allais volontiers à l'école retrouver mes copains. Mon véritable problème, c'était les adultes : je les craignais par-dessus tout, en particulier ceux qui avaient une position d'autorité à mon égard. Pendant très longtemps, je les ai regardés comme des personnages inaccessibles, qui me dominaient du haut de leur perfection.

Enfermé dans ce puissant complexe d'infériorité, j'éprouvais un terrible sentiment d'isolement, une peur d'être jugé qui m'empêchait de réellement m'ouvrir aux autres. Peu à peu, je me suis replié sur moi-même, y compris vis-à-vis de mes camarades. En dépit de nos bonnes relations, jamais je ne leur parlais de mes problèmes, de mon sentiment de fragilité, de mes peurs, de mes angoisses...

J'avais honte de mon hypersensibilité, sur laquelle on ne posait pas à l'époque le même regard qu'aujourd'hui, surtout chez les garçons. J'avais honte d'être incapable de contenir mes émotions et d'éclater en sanglots à la moindre réprimande.

D'une certaine façon, cependant, je ressentais déjà cette hypersensibilité si dure à assumer comme une force, car à défaut d'être capable de me confier aux autres, je savais les écouter. Cette empathie, dès l'école primaire, m'a tout de suite poussé à me lier aux « nouveaux », aux élèves en difficulté, les plus à la marge.

Le collège a été la pire période de ma vie, celle où mon sentiment d'échec s'est révélé le plus cuisant. Je cachais mes notes à mes parents, je trichais – si j'avais passé autant de temps à réviser mes leçons qu'à préparer mes antisèches, je les aurais sues sur le bout des doigts ! Mais j'étais si profondément convaincu d'être « mauvais » que je ne concevais pas de rédiger un devoir sur table autrement qu'en trichant. Quant à prendre la parole devant la classe, c'était un vrai calvaire : que je connaisse ou non ma leçon, je me sentais envahi par un vide, happé par le néant.

Pourtant, ce n'était pas faute de vouloir bien faire, au contraire : je voulais être parfait ! C'était une contradiction intenable, car tous mes mensonges détruisaient l'image du gentil garçon que je voulais incarner. Je ne supportais pas, par exemple, d'éprouver parfois des pensées négatives (celles qui traversent tous les adolescents) à l'égard de mes proches, et en premier lieu de mes parents.

En classe de quatrième, j'ai littéralement sombré. Je ne savais pas comment laisser parler mes sentiments, comment exprimer mon ras-le-bol. Alors, j'ai mis en scène mon appel à l'aide sous la forme d'une tentative de suicide. Au fond du jardin, nous avions un grand arbre auquel j'avais résolu de me pendre. En réalité, je savais pertinemment que je ne voulais pas mourir, si bien que j'ai fait en sorte que mes sœurs soient présentes et puissent courir prévenir notre mère – ce qu'elles se sont évidemment empressées de faire. Malgré tout, s'il ne s'agissait pas d'un « vrai » suicide, ce quasi-passage à l'acte, disproportionné par rapport à la situation que je vivais, m'a fait ressentir combien l'existence est précieuse. J'ai compris que je n'avais pas le droit de mépriser la vie – pas plus que je ne pouvais mépriser l'amour de mes parents et de mes frères et sœurs. Ce sentiment ne m'a plus quitté et jamais je n'ai plus éprouvé le désir de recommencer. Au contraire, je me suis même attaché à convaincre certains de mes camarades à renoncer à leurs propres projets suicidaires.

Des rencontres décisives

En seconde, après un redoublement, j'ai intégré un lycée bien plus bourgeois que le collège que j'avais fréquenté jusque-là, où je traînais avec des camarades issus des « quartiers ». Ça n'a pas changé grand-chose à mes difficultés scolaires, mais mon horizon s'est ouvert.

Par ailleurs, en bon gamin du Sud-Ouest, je jouais au rugby à un haut niveau depuis plusieurs années. Sur la suggestion de mon père (qui avait repéré mes talents d'animateur auprès des enfants de leurs amis lors des soirées à la maison), l'un de mes entraîneurs m'a proposé de participer à un projet baptisé « Rugby Cités », dont l'objectif était de faire découvrir d'autres sports que le foot, porteurs de valeurs différentes, aux jeunes des quartiers. À l'âge de 15 ans, je me suis donc lancé dans l'animation et l'accompagnement d'enfants. Devant mon enthousiasme, mes parents m'ont encouragé à passer le BAFA[1]. Moi qui pensais ne jamais obtenir aucun diplôme, j'ai décroché le premier à 17 ans et mes premiers jobs d'animateur dans la foulée ! Une révélation, mais aussi l'occasion de faire d'autres rencontres déterminantes.

Un jour, le directeur d'une colonie de vacances où j'étais moniteur m'a fait remarquer que dans les groupes, j'allais toujours vers les jeunes les plus en difficulté – les gamins de foyers, les surdoués, les marginaux mal intégrés que les autres traitaient en parias ou en boucs émissaires et que je prenais sous mon aile. C'est lui qui m'a parlé pour la première fois du métier d'éducateur spécialisé.

Je me suis aussitôt renseigné, j'en ai parlé à mes parents, et j'ai tout de suite compris que la première des conditions pour accéder à ce métier serait d'avoir le bac. Ça m'a donné une vraie motivation. Il m'a fallu deux années et une véritable opération commando pour m'y préparer, mais j'ai fini par le décrocher.

Après un premier échec au concours d'éducateur qui ne m'a pas découragé pour autant, je me suis inscrit en prépa. À 21 ans, j'ai accumulé les expériences les plus diverses auprès d'enfants, mais aussi de personnes en situation de handicap, pour rattraper le niveau des autres postulants, dont beaucoup étaient des

1. Brevet d'aptitude aux fonctions d'animateur en accueils collectifs de mineurs, composé d'une formation théorique et de stages pratiques, accessible aux jeunes à partir de 17 ans.

adultes en reconversion, bien plus aguerris que moi. De fait, éducateur est un métier qui demande une certaine maturité, où l'on est confronté à des adolescents parfois très durs, dès les stages de première année. Plus motivé que jamais, j'ai réussi le concours à la troisième tentative.

Dès le début de la formation, j'ai ressenti comme un déclic ; j'y suis entré l'esprit totalement ouvert, prêt à tout dévorer, à tout apprendre. Déterminé à tout reprendre à zéro. J'y ai découvert de nouvelles disciplines : la psychologie, la sociologie, l'anthropologie, la philosophie de l'éducation… Je me suis réconcilié avec la connaissance, notamment grâce à un professeur de philo qui m'a fait lire et prendre conscience que je n'étais pas obligé de tout comprendre d'emblée. J'ai accepté de ne pas être parfait, de franchir chacune des étapes nécessaires à la connaissance.

Grâce à lui, j'ai pu tempérer mon désir de perfection ; je me suis autorisé à « partir d'où je partais », en comprenant que c'était la seule véritable façon d'avancer. Contrairement à ce que j'avais cru jusque-là, la perfection n'est pas un prérequis pour réussir dans la vie, bien au contraire ! Moi qui regardais toujours la maison terminée au lieu de poser d'abord la première pierre, j'ai commencé par le point de départ, ce qui m'a permis de bâtir les murs petit à petit.

L'école d'éducateurs est aussi un lieu où l'on nous apprend à réfléchir sur notre vie. Pour la première fois, je suis revenu sur mon parcours et me suis interrogé sur l'origine de mes échecs. Du reste, je ne me sentais plus seul dans cette situation, car cette formation attire des publics variés : les futurs éducateurs ont des parcours souvent proches de ceux des personnes qu'ils seront amenés à accompagner.

Dans ma promo, j'étais l'un des plus jeunes, et le seul qui habitait encore chez ses parents. Très vite, avec une confiance accrue, j'ai éprouvé le besoin de prendre mon indépendance. Enfin je me sentais bien, à ma place.

Aller à la rencontre de ses peurs

Dès le début, les formateurs nous ont prévenus que cette formation serait l'occasion d'aller « à la rencontre de nos peurs », notamment dans le choix des stages. Ma peur, depuis une altercation au collège avec l'un d'entre eux, c'était les « gens du voyage ».

Quand le moment est venu, en troisième année, de choisir le stage de neuf mois qui serait à la fois mon baptême du feu et mon sujet de mémoire, j'ai relevé le défi. J'ai choisi de prendre la suite d'une étudiante de la promotion précédente, qui travaillait avec des manouches sédentarisés. Avec Christian, un éducateur de rue à l'ancienne qui les côtoyait depuis 20 ans et affichait une assurance et un bagout impressionnants, elle sillonnait les camps de la région paloise.

Le premier jour, au volant de sa voiture, Christian m'a annoncé qu'on se rendrait au camp Joubert. C'est un lieu caché, jouxtant une déchetterie, un vrai camp retranché dont j'avais toujours entendu parler comme d'une zone de non-droit. Mon cœur s'est emballé. Tout au long du trajet, il a tenté de me rassurer. Enfin, on est entrés. Le camp Joubert était une véritable ville dans la ville, une sorte de favela où s'alignaient les caravanes. Les employés municipaux n'y accédaient jamais, Christian était pratiquement le seul à y avoir ses entrées. La stagiaire qui m'avait précédé, bien plus âgée que moi, m'avait préparé le terrain auprès des jeunes qu'elle accompagnait, si bien qu'en sortant de la voiture, nous étions attendus. Mieux que ça : je me suis tout de suite senti accueilli par ces jeunes qui avaient si longtemps alimenté mes pires fantasmes.

La capacité d'ouverture que j'avais développée toute mon enfance ne m'a jamais servi autant que lors de cette expérience.

Je me suis aperçu que j'interrogeais ces jeunes dans une perspective socratique de non-savoir.

C'est en laissant à ces jeunes l'espace pour s'exprimer que j'ai compris que j'avais toujours fait fausse route à leur sujet. Jamais je n'aurais pu le découvrir autrement.

La posture du non-savoir socratique – **l'« *elenkos* »** – diffère de celui de la dialectique, qui cherche à comprendre l'essence des choses. L'***elenkos*** se propose d'utiliser le biais du questionnement innocent, de l'interrogation – du non-savoir – pour tenter de faire « accoucher » la vérité singulière de chaque être qu'il rencontre. Cette posture d'innocence permet de retrouver une capacité d'étonnement face au discours de son interlocuteur, qui lui donne confiance et l'invite à poursuivre, à prendre le temps de relater précisément ce qu'il a à l'esprit, lui donnant la possibilité d'accoucher de sa propre vérité.

Je leur ai posé mille questions, j'ai essayé de comprendre leur mode de vie et passé la première partie de mon stage à déconstruire mes propres représentations culturelles et éducatives les concernant. Leur culture est si différente de la nôtre que si j'avais été dans le jugement, je n'y aurais rien compris. Ce stage, qui m'a appris à relativiser, a vraiment bouleversé ma vie.

En gagnant leur confiance et celle de Christian, j'ai aussi gagné mon autonomie. Au volant de ma petite Renault 5, je sillonnais tous les terrains de la région, en toute liberté. Cette première expérience a nourri mon désir de travailler comme éducateur de rue, qui est la version la plus « libre » de ce métier, où chacun bâtit son emploi du temps au gré de ses rencontres et des besoins des jeunes.

Un nouveau regard sur soi

À l'école d'éducateurs, je me suis découvert une passion pour les sciences humaines, qui me parlaient profondément car elles viennent nourrir cette compréhension des autres et de soi-même qu'on appelle « l'empathie ».

J'avais le sentiment d'avoir enfin trouvé des clés me permettant de comprendre et d'exprimer de façon structurée tout ce que j'avais vécu. Je cultivais enfin mon intelligence relationnelle et émotionnelle ;

Pour définir ce que j'entends par « empathie », je reprendrai les termes du psychologue humaniste américain Carl Rogers. Selon lui, « la capacité empathique implique donc que, par exemple, on éprouve la peine ou le plaisir d'autrui comme il l'éprouve, et qu'on perçoive la cause comme il la perçoit, sans jamais oublier qu'il s'agit des expériences et des perceptions de l'autre. Si cette dernière condition est absente, il ne s'agit plus d'empathie mais d'identification[2] ». Ainsi, l'empathie permet de « sentir » le monde de l'autre, de l'éprouver sans se laisser submerger, tout en accueillant ses nuances et ses contradictions en faisant abstraction de ses préjugés, de ses cadres de références propres.
Autrement dit, l'empathie passe par un travail d'accueil de sa propre vulnérabilité, tel que le souligne la philosophe et psychanalyste Anne Dufourmantelle : « L'appréhension de la vulnérabilité d'autrui ne peut se passer, pour un sujet, de la reconnaissance de sa propre fragilité. Cette acceptation est une force, elle fait de la douceur un degré plus haut, dans la compassion, que le simple soin. Compatir, "souffrir avec", c'est éprouver avec l'autre ce qu'il éprouve sans y céder. C'est pouvoir se laisser entamer par autrui, son chagrin ou sa douleur, et contenir cette douleur en la portant ailleurs.[3] »

2. Carl R. Rogers, *Le Développement de la personne*, Dunod, 1975.
3. Anne Dufourmantelle, *Puissance de la douceur*, Payot, 2013.

je comprenais pourquoi nous étions tous différents et je parvenais enfin à étayer mes idées, à argumenter pour les faire valoir.

Au terme des trois années de formation, j'ai fini troisième de ma promotion. À me voir tellement épanoui, compétent, confiant, mes parents étaient sidérés. Moi qu'ils avaient connu si renfermé, moi qui perdais mes moyens dès que je devais ouvrir la bouche en public, moi qui me croyais un imposteur, j'avais enfin pris de l'assurance.

Mon regard sur moi-même a changé, tout comme celui de ma famille. L'ado en difficulté était devenu un jeune homme heureux, bien dans ses baskets, qui avait choisi sa voie et s'y épanouissait. Le cercle vicieux de l'échec s'est transformé en un cercle vertueux.

Quand j'ai obtenu mon diplôme, en bon Gascon, j'ai souhaité, comme d'Artagnan, « monter » à Paris. Dans mon imaginaire, la capitale me permettrait de prendre mon envol. Et puis, avec cette confiance nouvelle qui me lançait des défis, j'avais le désir de me confronter aux quartiers les plus durs, de retrouver ces jeunes que j'avais côtoyés au collège.

J'avais envie de travailler, mais aussi de poursuivre mes études, ce qui aurait été inimaginable quelques années plus tôt. J'ai très vite trouvé un emploi, d'abord dans un foyer[4] qui hébergeait des jeunes séparés provisoirement de leur famille sur décision du juge des enfants, pour qui les éducateurs endossaient temporairement le rôle de parents symboliques.

Parallèlement, j'ai entrepris un cursus de philosophie, que j'ai hélas dû abandonner en cours d'année pour des raisons pratiques. C'est en me renseignant sur la possibilité de prendre des cours à distance que j'ai découvert les sciences de l'éducation, qui me permettaient de continuer la philo, mais aussi, grâce

4. Une Maison d'enfants à caractère social (MECS).

au diplôme d'éducateur, d'obtenir une équivalence en dernière année de licence. À Paris 8-Vincennes-Saint-Denis, de nombreux éducateurs, mais aussi des psychologues, des thérapeutes, des gens de différents horizons suivaient ce cursus à distance tout en exerçant leur métier. Pour moi, c'était parfait.

Au même moment, j'ai finalement décroché mon premier emploi d'éducateur de rue. Avec mon air juvénile, mon accent du sud de la France, ma carte d'étudiant et mes cheveux un peu longs, on m'a d'abord pris pour un idéaliste qui ne tiendrait pas cinq minutes sur le terrain. Mais mon expérience auprès des gens du voyage m'avait donné suffisamment d'assurance pour que je persiste dans cette voie.

Après quelques entretiens, c'est une association de prévention spécialisée, en banlieue parisienne qui, la première, m'a donné ma chance.

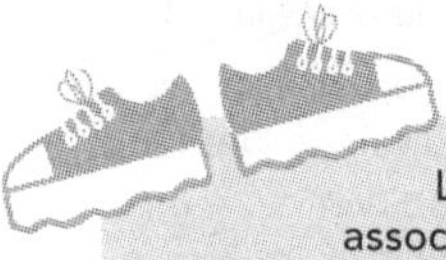

La prévention spécialisée est un mouvement associatif né dans l'après-guerre, face au constat que de nombreux jeunes, parfois orphelins, se trouvaient livrés à eux-mêmes, à la rue, en bandes, dans ce que l'on n'appelait pas encore les « quartiers ». Les premiers adultes à s'être intéressés à ces gamins en déshérence – les premiers éducateurs de rue – étaient issus des mêmes quartiers et y vivaient souvent encore. Leur travail, d'abord informel, consistait à créer une relation de confiance avec ces jeunes. Il s'agissait d'un mouvement un peu libertaire, alternatif par rapport à une vision de l'éducation encore coercitive, alors qu'à cette époque les foyers n'étaient rien d'autre que des maisons de redressement.

L'action de ces « nouveaux » éducateurs, totalement impliqués, immergés dans les quartiers, a été largement soutenue par certains juges des enfants qui ont beaucoup

apporté à la cause adolescente en faisant valoir que pour ces jeunes, le système trop répressif des foyers ne fonctionnait pas. Grâce à eux, cette nouvelle activité a bénéficié d'un cadre législatif spécifique, protégeant par exemple l'anonymat des mineurs dans le cadre de l'accompagnement – en ne contraignant pas les éducateurs à dénoncer les jeunes à la justice, cette mesure préservait la relation de confiance qui s'établissait entre eux. C'était une première, et cela demeure, aujourd'hui encore, l'un des principes fondamentaux de cette profession.
L'autre grand principe de l'éducation de rue est la libre adhésion : on ne peut forcer la relation avec le jeune. Il s'agissait de tisser une relation hors du cadre de l'obligation judiciaire. Ce consentement facilitait l'établissement de la relation de confiance entre jeunes et adultes.
Bien sûr, ces deux principes n'empêchaient pas que les éducateurs de rue en référaient à la justice, mais dans ce cadre consensuel, de confiance mutuelle. Il ne s'agissait pas de contrainte ou de répression, mais bien de prévention.

Mon chef de service avait connu ces premiers éducateurs de rue et conservé cet état d'esprit libre et ouvert. Il avait le désir de constituer une équipe venue de tous les horizons (pas seulement des éducateurs originaires des quartiers) et mixte, contrairement à certains de ses confrères qui considéraient que ce métier « hors cadre » était trop dur pour les femmes. Dans la rue, le cadre de l'institution est absent : c'est nous qui sommes chez eux, ce qui demande une adaptation totale, un rythme mesuré, une clarté absolue avec soi-même, avec sa propre éthique.

Les sciences de l'éducation m'ont permis de développer une approche « multi-référentielle » de mon métier, d'intégrer le quartier avec un regard anthropologique, de pouvoir analyser les points de passage des jeunes, leurs trajectoires sur ce terrain qui est le leur… Quand on arrive sur un territoire, dans un premier temps, on est « en implantation » ; on observe les groupes de jeunes, on suit les chemins qu'ils empruntent dans les rues, à la sortie du collège... Petit à petit, on finit par connaître tous leurs parcours et savoir où se rendre et à quelle heure pour les rencontrer. Notre chef de service nous apprenait à porter ce regard anthropologique, sociologique sur la ville. Avec lui, nous nous sentions comme des chercheurs, mais totalement intégrés à ce territoire.

Au début, lorsque je faisais mes « maraudes », les jeunes me prenaient pour un « indic ». De fait, dans ce quartier gangrené par la violence et le trafic de stupéfiants, dès que les jeunes voyaient un « Blanc », inconnu au bataillon de surcroît, ils le prenaient pour un flic. Pour pouvoir s'intégrer dans un quartier, il fallait donc se montrer patient et procéder pas à pas, par étapes.

Au début, je faisais du « terrain » avec mes collègues plus chevronnés que moi. Chacun avait ses propres réseaux, qui eux-mêmes leur en ouvraient d'autres à force d'établir des relations de confiance. À cause de ce principe de la libre adhésion, un éducateur de rue débutant n'est le référent de personne et peut se sentir déstabilisé de devoir « meubler » un emploi du temps vide. Notre chef de service appelait cette période initiatique notre traversée du désert et jugeait cette étape indispensable : « Vous devez traverser votre désert, vous confronter au vide, au rien. »

J'ai donc commencé à faire du terrain avec mes collègues, en attendant la rencontre qui me permettrait enfin de créer une relation. Ma première victoire a eu lieu lorsqu'un jeune que je connaissais de vue m'a salué de loin dans le métro... Il se passait enfin quelque chose ! À moi, ensuite, de cultiver cet embryon de relation et d'instaurer la confiance.

L'étape suivante passe par le contact physique : serrer enfin la main d'une personne qui vous identifie. C'est un moment clé, où il faut être présent à ce que l'on fait, à son regard, à son corps.

On peut alors commencer à poser des questions. Ça, je savais le faire : il s'agit alors de bien retenir ce que l'autre vous dit, dans ses moindres détails. Pour ma part, j'en prenais note dans un petit carnet dont je ne me séparais jamais.

Avec ces adolescents et ces jeunes adultes auxquels peu de gens s'intéressent réellement, la relation bascule si, en les recroisant, on se souvient de ce qu'ils nous ont raconté. Pour eux, c'est très inhabituel. Hormis le foot, la pluie et le beau temps, ils parlent peu, même entre eux, et surtout pas de sujets intimes. Alors, quand ils comprennent qu'un adulte s'intéresse réellement à eux, il devient possible de tisser peu à peu le lien.

Le premier jeune avec qui j'ai noué une relation s'appelait Nassim. C'était à la mi-septembre. Il est entré dans l'un de nos « lieux d'ancrage » (nous en avions deux, un par quartier, où les jeunes pouvaient venir parler, utiliser les ordinateurs, etc.) et a demandé à parler à Brahim, l'un des éducateurs. Occupé avec un autre jeune, celui-ci lui a demandé si ça ne l'ennuyait pas de s'adresser plutôt à moi. Il a donc commencé à me raconter sa situation : après la troisième, ses vœux d'orientation n'ayant pas été validés, il s'est retrouvé à la rue, sans aucune affectation. Il était dans l'obligation scolaire, mais perdu, incapable d'effectuer les démarches nécessaires pour reprendre sa scolarité. En discutant, nous avons fini par vraiment accrocher. Je lui ai proposé de l'accompagner au rectorat. À la fin de l'entretien, Brahim s'est approché et, voyant que ça semblait bien se passer entre nous, il lui a dit qu'il n'avait pas besoin de nous accompagner. C'est ainsi que j'ai pris son relais avec Nassim. J'étais si heureux d'avoir enfin des rendez-vous dans mon emploi du temps que je lui ai offert un accompagnement sur mesure ! Nous avons noué une telle relation de confiance qu'il a été le premier à m'ouvrir son réseau, à parler de moi à ses amis. Les liens se sont tissés ainsi, de pair en pair.

Au début, devant mon enthousiasme d'étudiant, certains membres de l'équipe craignaient que je veuille tout révolutionner. Mon chef de service m'a appris par la suite que la dynamique que j'avais apportée avait déteint sur les autres : quand j'ai quitté l'association, tout le monde avait repris des études !

Cela m'a appris – et la méditation n'a fait que renforcer ce sentiment par la suite – que très humblement, il s'agit en premier lieu de comprendre le contexte dans lequel nous arrivons, avec une pleine écoute permettant d'épouser la situation, de s'y fondre sans s'y perdre, en conservant son propre style. Dès lors, sans rien forcer, nous trouvons notre place dans ce contexte et sommes capables d'influencer l'ambiance qui règne dans un groupe, d'y faire bouger les lignes. Apprendre à agir sur l'atmosphère me semble une aspiration nécessaire dans le contexte sociétal actuel où « le cœur du problème vient d'une déshumanisation des relations : les gens se coupent d'eux-mêmes et des autres, à force de *process* et d'obsession d'être à chaque moment rentable et efficace[5] ».

Comme une épidémie, cette atmosphère déshumanisante touche tous les secteurs d'activité aujourd'hui. Ainsi, lorsque j'arrive dans un nouvel établissement scolaire, je ressens très souvent que le climat général est lourd, la tension semble permanente entre tous les acteurs en présence : entre les élèves et les professeurs, entre les professeurs et la direction, entre les personnels techniques et l'administration, entre les parents et l'institution. Cette lutte de tous contre tous se ressent également entre les professeurs eux-mêmes, entre les élèves…

La méditation, précisément, voit l'agressivité que nous pouvons exprimer envers les autres comme une manifestation de l'agressivité que nous éprouvons d'abord envers nous-mêmes. Elle accompagne chacun dans un lent processus de pacification avec

5. Fabrice Midal, « Travail : comment triompher des ennuis de la rentrée », *Le Parisien*, 9 septembre 2019.

soi-même. En pacifiant notre rapport à nous-mêmes, nous pacifions en proportion et sans effort notre rapport aux autres : c'est un processus naturel. C'est par ce biais donc que la méditation influence l'atmosphère générale du lieu où elle s'intègre.

C'est ce que j'essaie de faire aujourd'hui en partageant la pratique méditative au sein des établissements scolaires : intervenir à tous les niveaux, auprès de la direction, du personnel enseignant, administratif ou encore technique, comme auprès des élèves, pour créer une situation favorable, susceptible de rendre peu à peu plus humaine l'ambiance de la classe, mais aussi de l'établissement dans son ensemble. L'atmosphère peut transformer les individus, y compris soi-même. Je le constate à chacune de mes interventions : quand quelqu'un exprime une parole authentique dans un groupe par exemple, cela ouvre un espace qui invite les autres à partager leur expérience avec sincérité. Un deuxième se lance, puis un troisième, et les masques tombent peu à peu. Chaque fois, je suis frappé de lire le soulagement dans les yeux des personnes qui osent parler sans cacher leur part de sensibilité.

Tenir compte de l'atmosphère générale du lieu où l'on se propose d'intégrer la pratique de la méditation constitue une véritable approche stratégique à long terme.

Après 1 an et demi de pratique dans ce lycée professionnel « pilote », l'ambiance a très nettement évolué. Un jour, je propose à une classe de faire une dernière méditation quelques minutes avant la sonnerie. Lorsque la cloche retentit, je leur propose de rester en place et d'en profiter pour écouter leur environnement : les chaises que l'on déplace, le brouhaha, les gens qui passent dans les couloirs... En regardant vers la gauche, je constate que deux élèves d'une autre classe nous regardent à travers la vitre, au-dessus de la porte. Dans ce lycée, tout le monde a déjà médité, ils savent donc ce qui se passe dans la classe. J'entends des murmures : « Hé, les gars, chut, y'a méditation, silence ! »

Aussitôt, dans le couloir, les élèves se taisent pour laisser leurs camarades méditer. Je suis stupéfait et me dis qu'on est désormais loin des chahuts et des cavalcades dans le couloir des débuts...

Assumer ses failles

Pendant toute mon adolescence, écrasé par ce complexe d'infériorité qui me faisait tant souffrir, j'avais le sentiment que les adultes étaient parfaits. Très vite pourtant, j'ai compris qu'il s'agissait d'une illusion. Mais j'ai surtout eu l'intuition que les adultes n'assumaient pas leurs failles, qu'ils les considéraient comme une faiblesse qu'il convenait de cacher.

La société de « *winners* » d'aujourd'hui ne fait que renforcer ce phénomène. Pour un adulte, il est presque obligatoire de dissimuler ses failles et ses faiblesses, et de ce fait, peu d'entre nous sont capables d'exprimer une parole authentique. Dans le cadre de mon métier, j'ai souvent pu constater que souvent, les adultes qui savent le mieux accrocher avec les jeunes en difficulté sont ceux qui, lorsque la situation l'exige, n'ont pas peur d'évoquer leurs propres difficultés, d'être eux-mêmes, d'assumer l'entièreté de leur être – à la fois leur force, mais aussi leur part de faiblesse, de vulnérabilité. Ce refus de notre propre vulnérabilité est un problème majeur dans notre société.

En grandissant, j'ai pris conscience que je n'avais pas perdu ma fragilité. L'école d'éducateurs m'a permis dans un premier temps de l'apprivoiser, mais c'est la méditation qui a réellement tout changé… Être humain ne signifie pas être un robot capable de tout « gérer », de résoudre ses problèmes émotionnels comme on règle un problème technique, mais au contraire d'accueillir ses émotions et ses traumatismes pour les vivre dans un rapport pacifié.

« La vraie paix est celle que l'on découvre parfois au cœur même de l'angoisse ; ce n'est pas une paix isolée des émotions, des passions, d'une certaine insécurité. La paix ne découle pas d'un contrôle absolu de ce que l'on est, mais d'une transmutation des aléas de la réalité. Je donne souvent l'exemple d'un enfant malade, fiévreux, endolori. Il geint, sa mère vient à ses côtés, elle lui tient la main. Elle l'aime. La souffrance de l'enfant ne disparaît pas, mais elle se transforme ; il a mal, mais il est aimé, soutenu. Son espace s'ouvre à autre chose qu'à la maladie, une chose encore plus forte que cette maladie. La maladie reste là certes, mais en même temps, elle est autre. Il se sent désormais en sécurité. La méditation telle que je l'entends, la pratique et la transmets est une voie pour parvenir à cette transmutation. Elle n'efface pas les émotions, quelles qu'elles soient, mais elle les transmute en nous ouvrant à la bienveillance, à une forme de paix, elle nous amène à un tout autre rapport aux petits et grands bobos du quotidien. Une telle paix n'est pas l'effacement de ces bobos ni leur contournement, elle est une autre manière de les percevoir, et surtout d'entrer en réaction quand ils se présentent. La méditation telle que je l'entends est la voie d'accès vers l'exaltation, la passion, l'action[6]. »

Fabrice Midal

6. Fabrice Midal, *Foutez-vous la paix ! et commencez à vivre*, Pocket, 2018.

Un jour, en arrivant au lycée professionnel, je remarque un attroupement à la porte. Difficile de passer à côté : il y a des cris, des voix féminines qui s'interpellent. Je comprends aussitôt qu'il s'agit d'une bagarre entre deux groupes de jeunes filles. Quand j'entre dans l'établissement, elles sont déjà en train de se disperser. La conseillère d'éducation m'explique qu'en ce moment, les filles du lycée sont en conflit avec une bande « rivale » d'un quartier voisin. L'une des meneuses a promis de revenir dans la soirée pour « planter » l'une des élèves, Myriam, qui fait partie d'un des groupes que j'accompagne en tant qu'instructeur de méditation. La CPE me demande si j'accepterais de la voir en urgence.

« Leader » de la bande du lycée professionnel où j'interviens, Myriam est une jeune fille en colère, très dure, qui ne laisse aucune place à des émotions qui ne seraient pas teintées par une forme d'agressivité. Je vois dans notre entrevue une occasion de travailler sur cette question à chaud. Dans un premier temps, je lui propose de se poser et de se laisser guider : « Accueille tes émotions, quelles qu'elles soient, accueille ta colère, laisse-lui de la place, et surtout fous-toi la paix… »

Ses larmes se mettent à couler. « Ce n'est pas un problème, tu es en sécurité, si tu dois pleurer, alors pleure. » Elle éclate en sanglots, tandis que je termine la méditation. À la fin, Myriam a terriblement honte et m'explique que cela fait 4 ans qu'elle n'a pas pleuré. Elle regarde autour d'elle pour vérifier que personne ne peut la voir et me parle alors de ses craintes : « Maintenant que j'ai pleuré devant vous, je peux tout vous dire ! » Elle m'avoue avoir une peur bleue de cette fille qui prétend vouloir la tuer : « Mais je ne peux pas le dire devant les autres. Je vais passer pour quoi, à la sortie ? » Elle n'a aucune envie de se battre, mais dans son esprit, le poids du groupe rend l'affrontement presque inéluctable.

Sur mon conseil, elle accepte d'essayer d'assumer ses peurs auprès de ses copines, que je me propose de rencontrer en médiation, retrouvant ici ma casquette d'éducateur de rue. L'idée l'enthousiasme : elle sèche ses larmes. Au cours de l'entretien qui suit, les filles de son groupe conviennent qu'il vaut mieux renoncer à affronter la bande rivale : elles ne veulent pas qu'il arrive malheur à leur amie. Le soir, la police intervient pour éviter la casse et Myriam est exfiltrée par une autre sortie.

Le problème est résolu, au moins temporairement, mais comment Myriam va-t-elle se comporter avec moi par la suite ? Va-t-elle avoir honte de ses larmes ? Préférera-t-elle m'éviter ? En réalité, une confiance s'est instaurée entre nous. Quand on se revoit, pour d'autres séances de méditation individuelles, elle me remercie : « Ça m'a fait un bien fou de pleurer, je sens que j'en ai besoin. » Je lui dis qu'elle n'a pas à avoir peur de cette sensibilité que nous avons tous en nous : plus elle sera capable d'accueillir ses émotions comme elle parvient maintenant à le faire, plus elle sera capable de les vivre sereinement dans d'autres circonstances, et moins elle aura besoin d'exprimer sa colère.

Je crois que ce qui fait ma force aujourd'hui, c'est d'avoir traversé toutes ces difficultés pendant l'enfance et l'adolescence. De m'être d'abord perçu comme incompétent, idiot même, avant de comprendre qu'en réalité, je souffrais de blocages face auxquels mon esprit se fermait. Au fond, l'intelligence est bien plus malléable qu'on le croit, plus ouverte, et certainement pas déterminée à l'avance.

À l'époque où j'ai grandi, on ne valorisait que le quotient intellectuel et on ne jurait que par les mathématiques. On ne parlait pas, comme aujourd'hui, d'intelligence émotionnelle, on n'évoquait pas la sensibilité comme une force – jamais on ne m'a dit, quand j'étais enfant, qu'il s'agissait d'une forme d'intelligence relationnelle. Plus tard, j'ai constaté que mon esprit était bien plus souple que je le pensais, que je pouvais le travailler ; qu'en lui laissant du champ, je pouvais moi aussi accomplir des choses. Cela m'a donné l'assurance nécessaire pour avancer : moi qui pensais ne jamais être capable de prendre la parole en public, je parle à présent librement devant quatre cents personnes.

Tout le travail que je mets en place aujourd'hui à travers la méditation est destiné à permettre aux adolescents de commencer le chemin en acceptant de faire la paix avec leurs imperfections et leur vulnérabilité. Avant de méditer, je commence toujours par évoquer ma propre expérience, en leur faisant comprendre que les adultes ne sont pas parfaits, de manière à créer une situation qui leur permet d'assumer peu à peu leurs propres imperfections. Ils apprennent alors à regarder leur expérience, leur fragilité, de manière directe plutôt que de se voiler la face en s'anesthésiant au divertissement.

Dès lors, un cercle vertueux se met en place : en abordant ensuite la question du divertissement, on touche directement à l'une des causes majeures de l'échec scolaire et du manque d'estime de soi. Les jeunes comprennent que s'ils ne réussissent pas à l'école, ce n'est pas parce qu'ils sont bêtes, loin de là, mais parce qu'ils ont l'esprit ailleurs, qu'ils souffrent d'un déficit de l'attention. Une fois entrés dans cette dynamique, ils constatent que la transformation est possible.

Encore une fois, tout cela n'est réalisable qu'à condition de parler avec eux un langage le plus authentique possible.

Rencontre avec la méditation

Je suis venu à la pratique de la méditation par l'intermédiaire du master de sciences de l'éducation que je suivais en parallèle de mon métier d'éducateur de rue et qui propose une approche pluridisciplinaire. À côté de l'anthropologie, de la sociologie ou de la philosophie, les étudiants sont invités à découvrir des approches éducatives différentes de celles que nous connaissons en Occident. Parmi celles-ci, la méditation a aussitôt attiré mon attention, d'abord parce que j'y ai vu un moyen de retrouver ce lien naturel unissant le corps et l'esprit que j'avais le sentiment d'avoir perdu à l'adolescence.

En matière de méditation, qui était totalement étrangère à ma culture familiale et professionnelle, je partais de zéro. J'ai donc tout simplement commencé par faire des recherches sur Internet. De fil en aiguille, j'ai découvert le site Philosophies.TV[7], où Fabrice Midal, fondateur de l'École occidentale de méditation, présentait cette pratique comme une manière de développer un état d'esprit permettant d'aborder la philosophie autrement, concrètement. Or c'était précisément ce qui m'intéressait : trouver une philosophie de l'action, une pratique susceptible de transformer ma manière d'être au quotidien.

Très vite, je me suis décidé à me rendre aux soirées portes ouvertes proposées chaque mercredi par l'École occidentale de méditation, située aujourd'hui dans le 20e arrondissement de Paris.

La première fois que je me lance pour découvrir la pratique de la méditation, j'éprouve une certaine appréhension. En entrant dans la salle, je suis surpris — et soulagé — par l'affluence : moi qui m'attendais à voir une quinzaine de méditants avertis, parmi lesquels je serais le seul néophyte, me voilà au milieu d'un groupe de soixante-dix débutants, dont beaucoup n'ont jamais pratiqué de leur vie ! Fabrice Midal nous propose une méditation guidée, qu'en élève appliqué, je m'efforce de suivre avec le plus grand sérieux. Mais j'ai beau faire de mon mieux, je ressens un flux de pensées qui mettent à mal ma bonne volonté. Heureusement, la voix de Fabrice Midal me ramène régulièrement au présent, mais au moindre moment de silence, je repars dans mes souvenirs ou je me projette dans ce qui va suivre, je brode des scénarios. Combien de temps me suis-je égaré ainsi ? Je l'ignore ! Toujours est-il que cela doit être habituel, car dès cette première pratique, Fabrice nous invite, quand nous nous sentons « partir », à nous adresser un « bonjour », comme pour célébrer notre retour au moment présent.

7. https://philosophies.tv/

Cette découverte de mes pensées constitue le premier choc de ma rencontre avec la méditation. Le second, ce sont les douleurs corporelles : dès que j'essaie de me tenir droit, j'ai terriblement mal au dos.
Après cette première pratique, nous faisons une pause sous la forme d'un temps de questions-réponses. Là encore, je découvre, à mon grand soulagement, que je ne suis pas seul à éprouver ces difficultés. En fait, la plupart des participants les partagent ! Je ressens également de la part du groupe et de ceux qui nous accueillent une présence bienveillante.
Quand vient la deuxième pratique, je suis nettement plus détendu. J'ai moins mal ; j'ai toujours des pensées, mais elles m'apparaissent déjà moins comme un obstacle, en tout cas je ne m'en veux plus de les ressentir. À cet égard, le « bonjour » m'aide beaucoup car il exprime l'idée non pas de se débarrasser des pensées, mais de célébrer le moment où l'on revient. Si bien que cette fois, au lieu de me reprocher de « partir », je me réjouis de « revenir ».
Ce que m'apporte cette première séance de méditation, c'est un changement de rapport à ma propre expérience. Je sens que je tiens enfin vraiment quelque chose qui pourra m'aider au quotidien.

Séduit, je restais malgré tout assez craintif. À l'époque, en 2010, la méditation n'était pas autant entrée dans les mœurs qu'aujourd'hui. Elle demeurait relativement confidentielle, encore souvent considérée comme « exotique », liée au bouddhisme. En somme, elle semblait très éloignée de mon univers. Pas à pas, je m'en suis approché, certain de me trouver sur le bon chemin, mais encore hésitant. J'ai tourné autour, je m'en suis éloigné, avant de ressentir finalement le désir d'y revenir.

Ce qui m'a particulièrement rassuré est que l'École occidentale de méditation inscrivait la pratique dans un cadre laïque. « Méditation laïque », cela signifie tout simplement ouverte à tous, athées ou croyants, chrétiens, juifs, musulmans… Ici, la méditation ne s'appuie sur aucune croyance qu'on ne pourrait expérimenter directement, par soi-même, sur aucun dogme gravé dans le marbre.

Autre élément rassurant : la pratique de la méditation est reconnue par les approches scientifiques les plus à la pointe. Je pense notamment au travail réalisé par le neurobiologiste chilien Francisco Varela.

Spécialiste des sciences cognitives, Francisco Varela a beaucoup contribué à laïciser la méditation et à reconnaître ses bienfaits d'un point de vue purement scientifique. Il fut un membre actif d'un groupe de chercheurs américains, principalement en neurosciences, qui se sont intéressés à l'expérience des méditants ; une pratique, selon eux, qui permet de comprendre en profondeur l'esprit humain. Varela a aussi cofondé avec un mécène l'Institut de l'esprit et de la vie, plus connu sous son appellation originale « Mind and Life Institute ». Très actif, cet institut constitue un espace de rencontre entre des scientifiques et des pratiquants dont le dalaï-lama fait partie. Des philosophes, psychologues et psychiatres américains sont les artisans de cette aventure dont on peut notamment citer Richard J. Davidson, Paul Ekman, Daniel Goleman et Owen Flanagan. Plusieurs programmes de recherches ont été organisés dont l'un est une étude comparée des cerveaux d'un groupe de méditants expérimentés d'avec des personnes n'ayant jamais pratiqué. Recherche débutée en 2001 et qui a donné ses premiers résultats en 2004, publiés directement dans la prestigieuse revue *PNAS*[8]. Les non-méditants ont été formés à la méditation pendant une semaine. Le sens de l'expérimentation devait observer l'activité du cerveau de tous les participants lors de temps de pratique méditative par l'intermédiaire d'un électro-encéphalogramme. Les chercheurs ont constaté une

8. Antoine Lutz, Lawrence L. Greischar, Nancy B. Rawlings, Matthieu Ricard, Richard. J. Davidson, « Long-term Meditators Self-induce High-amplitude Gamma Synchrony during Mental Practice », in revue *PNAS*, nov. 16, 2004, vol. 101, n° 46.

oscillation des fréquences dites « gamma » très importante du côté des méditants expérimentés qui, selon le commentaire de Richard Davidson, sont « d'une magnitude qui n'a jamais été décrite dans la littérature des neurosciences » et il ajoute : « Cela semble démontrer que le cerveau peut être entraîné et modifié physiquement d'une manière que peu de personnes peuvent imaginer[9]. »
Les méditants expérimentés participant au programme « se sont révélés capables, au cours d'un test classique de vigilance, de maintenir intacte la qualité de leur attention pendant quarante-cinq minutes, alors que pour la plupart des sujets non entraînés, l'attention se dégrade considérablement après dix minutes d'effort[10] ».

Le déclic s'est vraiment produit lors d'une autre soirée portes ouvertes, où l'un des participants s'interrogeait sur la manière d'intégrer la méditation dans sa vie quotidienne. C'était aussi ma principale difficulté : comment méditer au quotidien ? J'avais essayé de méditer seul, sans succès. C'est un réel obstacle, même lorsque l'on médite depuis plusieurs années. Pour le surmonter, l'association proposait des stages de plusieurs jours, destinés précisément à faciliter l'intégration de la méditation dans la vie quotidienne. Nous étions en février. Quand j'ai su que le prochain stage, en avril, proposerait aussi des conférences de philosophie, je me suis lancé. La coordinatrice m'a proposé de m'engager comme bénévole : j'arriverais un peu avant les participants et je donnerais un coup de main pour l'organisation. « Ça te permettra de vivre le stage très différemment, tu verras », m'a-t-elle dit. J'ai accepté.

9. Richard D. Davidson, tiré de deux interviews ; par Sharon Begley dans « Scans of Monks' Brains Show Meditation Alters Structure, Functioning », in *Wall Street Journal*, nov. 5, 2004, B1. Et par Mark Kaufman dans « Meditation Gives Brain a Charge, Study Finds » in *Washington Post*, jan. 3, 2005, A5.
10. Matthieu Ricard dans la préface de l'ouvrage de Daniel Goleman, *Surmonter les émotions destructrices : un dialogue avec le Dalaï-Lama*, Robert Laffont, 2003, p. VI.

Sur place, tout était conçu pour inviter à la présence : le décor, l'accueil, l'emploi du temps... Pas besoin de montre : un gong annonçait l'heure des repas, des séances de méditation, des balades ou des conférences.

Moi qui m'étais toujours senti maladroit et dispersé, durant ce premier stage, j'ai ressenti une « qualité » dans toutes mes actions : quelque chose s'était posé en moi et me permettait d'accomplir pleinement chaque mouvement. Mes gestes étaient plus amples et achevés, plus précis, comme si ma maladresse s'était envolée. Du moins, j'ai compris que cette maladresse ne constituait pas une dimension de mon identité, mais qu'elle était avant tout une conséquence de mon manque d'attention, du fait que j'étais toujours dans l'action suivante avant même d'avoir terminé d'accomplir la précédente. Ce premier stage m'a montré que quand l'environnement est propice, alors nous pouvons être dans le présent, et cela constitue un profond soulagement.

Avant toute chose, la méditation m'a permis de *me poser*. Moi qui étais, comme tant d'autres, un jeune homme pressé, pris par l'urgence de notre temps, occupé à mille activités à la fois et ne supportant pas le silence, j'ai compris, en commençant à méditer, qu'une grande partie de mes actions ne servaient qu'à combler un vide, une angoisse. Constamment dans la projection, je n'étais jamais complètement à ce que je faisais, car mon esprit se projetait déjà dans l'avenir, pris dans une course contre la montre à l'image du lapin blanc d'*Alice au pays des merveilles*.

Se « poser », c'est d'abord simplement s'asseoir, sur un coussin ou sur une chaise, paisiblement, sans se poser de questions. Avant tout discours, la méditation est d'abord un geste d'une étonnante simplicité. S'asseoir, c'est ce qu'il y a de plus élémentaire – il n'y a rien à réaliser, à construire – et en même temps c'est un véritable défi. En effet, il ne s'agit pas juste de ne plus être debout, mais de trouver une assise. Dans le langage courant, « avoir une bonne assise » signifie être bien établi dans sa vie, avoir confiance. Commencer par avoir une bonne assise en méditant permet de retrouver une droiture naturelle.

La simplicité n'implique pas une absence de difficulté, mais plutôt le fait de réunir les conditions pour se dégager du superflu et toucher à l'essentiel, à ce qui nourrit la profondeur de notre existence.

Méditer, c'est « *nothing happened* », enseignait Chögyam Trungpa[11], c'est-à-dire qu'il ne se passe rien de spécial. Cela consiste à cultiver cette attitude du « rien de spécial » face à tout ce qui se présente à nous : je suis traversé par des pensées plus ou moins saisissantes, des émotions plus ou moins intenses, mais je n'en fais pas une histoire. Au contraire, la méditation nous invite à cultiver un rapport de simplicité avec les événements, quels qu'ils soient (joie, jalousie, extase, félicité, angoisse, désespoir). Par exemple, si je ressens un mal de dos et que j'éprouve de la colère contre ce mal de dos, je ne fais « rien de spécial » – je reste là, dans ma posture d'assise, ouvert à ce qui est.

C'est une attitude à la fois très simple et très radicale.

11. Chögyam Trungpa était un moine tibétain. Contraint de fuir son pays natal en 1959, au moment de l'invasion chinoise, il a étudié à Oxford et a entrepris, dans les années 1970, un travail de fond afin de transmettre la méditation aux États-Unis. Il a commencé par ôter sa robe de moine et rompre avec l'aspect culturel et religieux tibétain en cherchant des appuis dans la culture occidentale pour proposer une forme de méditation qui lui soit adaptée. C'est grâce à lui que la pratique de la méditation peut aujourd'hui être intégrée à la vie quotidienne de tout un chacun.

S'ancrer dans le présent

La méditation consiste précisément à réapprivoiser le silence, le « rien faire », en se donnant un moment où l'on se contente de se poser tel que l'on est, dans l'instant. Où l'on consent à ne rien faire. Les premières fois, cela peut occasionner une légère panique, qui se manifestera différemment selon l'histoire de chacun – certains chercheront des prétextes pour se divertir, d'autres seront assaillis de pensées, d'autres encore pourront s'assoupir ou rêvasser… Ces obstacles qui viendront inévitablement s'interposer dans notre esprit, la méditation ne nous propose pas de les rejeter, de lutter à contre-courant, mais au contraire de les accueillir tels qu'ils sont.

Souvent en pratiquant « nous nous engageons dans une gymnastique visant à nous permettre de dominer notre esprit, mais tout au contraire, abandonnons le souci de tout contrôler. C'est ce souci qui nous opprime. La méditation ne vise nullement à vider notre esprit, mais à l'apprivoiser, à ne plus lutter contre lui[12] ».

Ainsi – comme ça a été mon cas et celui de tout le monde –, lorsque l'on débute la pratique, notre première expérience tangible est généralement de nous sentir submergés par les pensées et de croire que la méditation ne fonctionne pas pour nous. Mais justement, pratiquer la méditation, c'est d'abord découvrir à quel point les pensées surgissent indépendamment de notre volonté et combien il est difficile de simplement rester présent. Contrairement à une idée reçue, la méditation ne consiste pas à « faire le vide » dans sa tête, à « éliminer » ses pensées. On pourrait même dire que le premier signe que l'on est bel et bien en train de méditer consiste précisément en une prise de conscience du mouvement de ses pensées.

La méditation consiste à observer, être attentif, ouvert à nos pensées. La plupart du temps, nous prenons ces pensées très au

12. Fabrice Midal, *Pratique de la méditation*, Le Livre de Poche, 2016.

sérieux, sans nous rendre compte qu'elles nous « manipulent » parfois. Durant la pratique, au contraire, nous n'en faisons rien et nous percevons alors mieux leur contour, leur tumulte... Les textes traditionnels appellent cette découverte « voir la cascade ».

Que faire avec ses pensées ?

En méditant, notre esprit apprend à ne pas s'accrocher à certaines pensées ou à en rejeter d'autres, à ne pas juger ses pensées, pour simplement accueillir de manière ouverte et inconditionnelle tout ce qui survient.

Dès lors que l'on accepte la cohue, le flux des pensées sans rien faire, nous n'avons plus de raison de paniquer. Notre esprit peut alors s'apaiser de lui-même pour laisser place au moment présent, que l'on appréhende dans toute son ampleur. Paradoxalement, cet apaisement peut engendrer de la peur, car nous craignons parfois de rencontrer le silence quand l'agitation mentale cesse. Nous découvrons alors que le silence n'a rien d'effrayant, qu'il n'est pas vide comme nous l'imaginions, bien au contraire : il est vivant. Tout le décor où l'on est plongé sans le voir quand on est dans l'action nous apparaît soudain ; on perçoit alors l'immensité de notre esprit, ses nombreux mouvements. Puis, si l'on se met à écouter le silence de la pièce où l'on médite, on perçoit une myriade de petits bruits qui nous avaient échappé auparavant. On découvre que le présent est ample, riche de détails que cette urgence, cette agitation mentale du quotidien nous faisaient négliger. Au début, cela peut être inconfortable. Face à cette découverte, la tentation est grande de prendre la fuite pour conserver le confort de nos habitudes mentales, de nos croyances et de nos illusions. Ces dernières constituent une identité fixe que nous pensons nôtre alors que ce n'est bien souvent qu'un masque déformant. Jusqu'à ce que l'on réalise que paradoxalement, c'est souvent cette forme de confort auquel on s'accroche qui conditionne nos plus vives souffrances.

Je termine une série de trois courtes méditations avec une classe de quatrième que je vois pour la première fois, quand je remarque une jeune fille qui semble s'ennuyer terriblement. Leila est calme, sérieuse, mais à voir son expression fermée, elle paraît réfractaire à ce que nous venons de faire. Je vais donc la voir pour lui demander ce qu'elle a ressenti durant la séance. « Rien, me dit-elle. La méditation, ce n'est pas pour moi. Ça peut peut-être aider certains qui ont du mal à se concentrer, mais moi, je n'ai pas de difficultés en classe, donc je crois que ça ne m'apportera rien. » Un peu désarçonné, je lui explique que je comprends, mais que l'expérience de la méditation m'a appris que tout le monde peut parfois être confronté à des difficultés dans sa vie, qu'on n'identifie pas forcément comme telles ou auxquelles on oppose un déni.

« Dans ta situation, ce n'est pas lié à l'attention ou aux notes, mais peut-être à autre chose… Or la méditation permet de regarder en face ses propres difficultés et de s'apercevoir que c'est comme ça que l'on pourra les traverser et non en les mettant de côté et en faisant comme si elles n'existaient pas. Essaie d'y réfléchir, et si tu veux, on en reparle la prochaine fois. »

Au fil des séances, l'ambiance se détend et de plus en plus d'élèves s'expriment ; à la troisième, à ma grande surprise, Leila lève le doigt et prend la parole pour évoquer ses difficultés à s'endormir le soir. Je l'invite donc à essayer de regarder ce qui se passe pour elle lorsqu'elle se couche, dans l'esprit de la méditation, sans jugement. Elle acquiesce.

La fois suivante, elle m'explique avoir constaté qu'une part d'elle-même lui met une pression terrible au sujet du lendemain, qui l'empêche de dormir. Le simple fait d'avoir identifié le problème est un immense soulagement pour elle et constitue un premier pas pour le résoudre.

Au-delà du problème de Leila, partagé par de nombreux élèves, cette histoire m'a permis d'élargir ma vision de la méditation. Moi qui étais jusque-là plutôt focalisé sur les élèves en difficulté, j'ai compris que celles et ceux qui prétendaient n'avoir aucun problème pouvaient tout autant ressentir des bienfaits de la méditation : elle permet à tout un chacun de se défaire de son « masque » et d'identifier les obstacles pour mieux les surmonter.

« La pratique de la méditation est une façon de nous démasquer, de nous dépouiller de toutes nos illusions, et c'est aussi une façon de mettre au jour les subtilités de l'intelligence qui existe en nous[13] », dit Chögyam Trungpa. Se « démasquer » est un chemin pour apprendre à ne plus centrer son attention sur les apparences et déconstruire peu à peu cette tendance à se réfugier derrière une image de soi que l'on présente au monde pour faire comme si tout allait parfaitement bien. La méditation n'efface donc pas nos difficultés, elle les révèle plus clairement, en nous permettant de cultiver une plus grande lucidité. Tout ne va pas bien dans nos vies et c'est normal, inutile d'en faire toute une histoire : « *no big deal* » enseignait également Trungpa à ses étudiants. Le « *no big deal* » teinte notre lucidité de tendresse et nous soutient pour assumer, peu à peu, de regarder la réalité telle qu'elle est.

Retrouver une qualité d'écoute

La méditation nous ancre dans le présent. Pour ma part, je me rappelle avoir perçu avec une plus grande acuité le contraste entre les moments où « j'y étais » et ceux où « je n'y étais pas ».

Dans mon métier, qui repose en grande partie sur la présence et l'écoute, j'ai pu identifier les moments où, alors que je recevais des jeunes et que je croyais les écouter, mon esprit commençait

13. Chögyam Trungpa, *Le chemin est le but*, Véga, Paris, 2005.

en fait à s'éloigner du présent pour partir vagabonder ailleurs, tout en envoyant à mon interlocuteur des signaux indiquant le contraire. Cela m'a permis de comprendre que cette écoute, qui m'apparaissait jusque-là comme une de mes grandes qualités, était en réalité devenue mécanique.

C'était aussi le cas dans ma vie privée : j'avais par exemple l'impression de connaître si bien mon épouse, de pouvoir anticiper ses mots et ses réactions, que lorsque nous discutions, je branchais presque systématiquement – pas consciemment, bien sûr – une forme de « pilotage automatique ». Parce que je médite, j'ai pu à nouveau l'écouter réellement et percevoir de nouvelles teintes dans son discours, des changements, un mouvement. En réalité, ce quotidien que je croyais figé, gravé dans le marbre, était vivant. Revenir au moment présent nous permet de mettre à nu le monde qui nous entoure, de comprendre qu'il est en mouvement et de sortir du confort mortifère de la routine.

Au fil des années, avec l'expérience, je m'étais installé dans une forme de confort professionnel qui m'avait coupé de la fraîcheur de mes débuts d'éducateur de rue. Je ne m'autorisais plus à me laisser surprendre, à me mettre en question. La méditation m'a fait redécouvrir l'importance du non-savoir. Considérer que l'on détient un savoir nous installe dans un confort qui nous empêche de faire l'expérience à neuf du présent. Il banalise la réalité en nous donnant le sentiment de refaire encore et toujours les mêmes choses dans le vide, ce qui peut même entraîner une forme de découragement. La méditation nous rappelle au contraire l'importance des détails les plus anodins et leur redonne du sens. Cela nous permet par exemple de comprendre qu'une action aussi ennuyeuse en apparence que ranger notre bureau modifie du tout au tout notre possibilité de nous l'approprier.

En tant qu'éducateur, j'ai donc essayé de retrouver cette sensation, cette fraîcheur des origines, en consacrant une journée par semaine à l'inconnu. Je ne prenais aucun rendez-vous et descendais dans la rue avec la seule idée de me laisser surprendre, de prendre, comme à mes débuts, le risque du « rien ». J'ai passé des journées extraordinaires, que je n'aurais jamais pensé vivre, et fait de nouvelles rencontres. J'ai créé des relations informelles avec certains jeunes, ce qui a contribué à libérer leur parole. Désormais, j'étais capable de discerner de nouveaux éléments dans leur discours, de trouver des solutions à des situations qui semblaient sans issue et que j'aurais été incapable de saisir auparavant.

Les jeunes l'ont perçu, sans forcément le conscientiser ou le formuler, mais j'ai senti que les relations que j'avais nouées avec certains d'entre eux s'étaient affermies. En y repensant *a posteriori*, j'ai compris que c'était ma *présence* qui avait changé. Quelque chose dans ma manière d'être s'était modifié, mais aussi dans mon corps, dans ma posture, dans ma gestuelle, dans la façon dont je me tenais physiquement. En effet, grâce à la méditation, j'ai retrouvé une verticalité naturelle qui me donne plus d'assurance. Dans le quartier, je n'avais plus l'air de m'excuser sans cesse d'être là. J'étais simplement là.

La possibilité d'être soi

Au-delà de l'écoute elle-même, c'est toute l'atmosphère de mes rencontres avec ces jeunes qui s'est transformée. J'ai cessé de leur appliquer les catégories psychologiques ou sociologiques que j'avais apprises, de ne les voir que comme des victimes du système. Au contraire, je les ai à nouveau perçus dans toute leur singularité, évitant de les enfermer dans des cases rigides et développant à leur égard une considération très profonde.

Cette qualité d'écoute, cette prise de risque et cette considération pour ce qu'ils étaient constituaient les conditions nécessaires pour tisser une relation de confiance susceptible d'ouvrir un dialogue authentique avec les jeunes les plus en déshérence, les plus éloignés des institutions. Certains d'entre eux, après 10 ans de foyer, ne supportent plus d'entendre les discours parfois stéréotypés des éducateurs, qu'ils connaissent par cœur au point d'être capables de se les approprier pour manipuler leur interlocuteur et s'enfermer plus encore dans leur rôle de « mauvais garçon ». Pour rompre ce cercle vicieux, j'ai compris la nécessité d'arriver face à eux avec un autre état d'esprit, en portant sur eux un regard neuf, libéré de tout jugement dicté par les codes sociaux ou les comportements qu'ils manifestent. Je leur offrais ce regard neuf que la méditation m'a permis d'expérimenter vis-à-vis de moi-même, en leur donnant la possibilité d'être autre chose que le rôle social où ils étaient enfermés jour après jour.

Peu à peu, cet accueil bienveillant a permis à ces jeunes très en difficulté de se désarmer – dans tous les sens du terme pour certains. Le temps de l'entretien, ils s'autorisaient à baisser la garde : à être eux-mêmes.

Alors que les trois premières années, j'étais focalisé sur l'objectif de l'insertion, j'évoluais moi aussi vers quelque chose qui me semblait véritablement essentiel : donner aux jeunes l'occasion d'être eux-mêmes pendant quelques minutes, l'espace de notre échange.

C'est exactement ce que propose la méditation : s'offrir quelques minutes où l'on peut être simplement soi-même. Méditer, c'est en effet commencer par apprendre à mettre en œuvre cet accueil inconditionnel pour nous-mêmes. Cette bienveillance que l'on cultive dans la pratique à notre égard, pour ce que l'on est, là, maintenant, que l'on soit

triste, joyeux, déçu, enthousiaste ou en colère, se déploie naturellement pour l'autre.
Si nous voulons être dans le non-jugement à l'égard d'un autre, il nous faut commencer par transformer la relation que nous avons à nous-mêmes en apprivoisant peu à peu notre tyran intérieur, que le poète T. S. Eliot décrit avec clarté :

« Quel est ce moi intérieur, observateur silencieux,
Critique sévère et muet, qui nous épouvante ainsi
Et nous pousse à la futile agitation,
Puis, à la fin, nous juge encore plus sévèrement
Pour les erreurs où ses reproches nous ont jetés. »

En me confrontant à des jeunes de plus en plus éloignés du système, j'obtenais peut-être moins de résultats concrets, mais je sentais qu'ils m'étaient reconnaissants de leur offrir cet espace de liberté où ils s'autorisaient à *être*, à évoquer leur vulnérabilité, leurs angoisses – des sujets dont ils n'avaient jamais parlé à personne pour ne pas écorner leur image sociale. Dans cet espace ouvert et bienveillant, au contraire, ils pouvaient abandonner la lourde armure qu'ils ne quittaient jamais dans la rue, se défaire de leur costume de voyou.

Comment croire qu'il est non seulement possible, mais aussi bénéfique d'assumer sa vulnérabilité dans une société si attachée à nous prouver le contraire ? Pour le comprendre, il faut en faire l'expérience, afin qu'être pleinement soi-même devienne une possibilité et non plus seulement une velléité. Pour ces jeunes en difficulté, vivre cette expérience authentique, ne serait-ce que l'espace de ces quelques minutes, à l'abri du regard de leurs pairs, peut représenter un soulagement inestimable.

À l'époque, hélas, je ne me sentais pas légitime pour méditer avec eux, je ne pouvais leur montrer qu'un bref aperçu de l'espace d'accueil inconditionnel que la méditation propose. C'est aussi ce qui me pousse aujourd'hui à travailler auprès d'adolescents : pour reproduire et dépasser cette expérience. Je souhaite permettre aux jeunes de découvrir et de s'approprier cette pratique et, à travers elle, d'assumer leur vulnérabilité afin qu'ils acceptent l'entièreté de ce qu'ils sont, au-delà de notre rencontre.

Retrouver l'intelligence du corps

Avant de méditer, je n'avais encore qu'un rapport instrumental à mon corps. Pour moi, il n'était qu'un outil destiné à accomplir des performances sportives, à qui j'en voulais parfois de m'infliger certaines douleurs. La méditation, là encore, est venue bouleverser tout cela.

Notre tendance naturelle est de nous focaliser sur la douleur et de lutter contre elle pour l'éloigner à tout prix. Nous cherchons à la faire disparaître, par exemple en bougeant la partie de notre corps qui nous fait souffrir, même si nous savons d'expérience que cela ne sert à rien. La méditation nous invite à faire précisément l'inverse, à nous contenter simplement d'accueillir et de ressentir la douleur qui survient, sans nous focaliser sur elle. Très vite, on découvre que si l'on « accueille » certaines douleurs, elles passeront d'elles-mêmes au bout de quelques secondes et se révéleront bien moins intenses que ce que l'on appréhendait au départ. C'est pourquoi différents services hospitaliers proposent à des patients souffrant de maladies graves ou chroniques, accompagnées de douleurs fortes, lancinantes – des cancers par exemple –, de pratiquer la méditation. Sans prétendre éliminer la douleur, bien sûr, et encore moins sa cause, méditer permet cependant aux patients de modifier leur rapport à cette souffrance, en intervenant sur la manière dont l'esprit l'appréhende. La douleur existe en grande partie parce que nous la jugeons : lorsque nous abandonnons tout discours et qu'il ne reste plus que la douleur elle-même, nous nous apercevons qu'elle est souvent moins intense qu'on le croyait.

Dans cette classe de cinquième, je remarque aussitôt un élève particulièrement jovial, bavard, qui ne rate jamais l'occasion de faire rire les autres. Gentiment perturbateur, sans une once de méchanceté, Simon est l'archétype du clown de la classe. Dès la première séance, je constate qu'il ne tient pas en place : durant les cinq minutes que dure la méditation, il garde l'immobilité moins de dix secondes. Il n'est pas inhabituel de voir des adolescents bouger pendant les séances, mais jamais à ce point.

Quand vient le temps des questions, je n'ai pas besoin de l'interroger, il prend la parole de lui-même : « Laissez tomber, monsieur ! Pour moi, c'est pas possible, j'ai trop mal partout ! De toute façon, tout le monde sait que je ne peux pas rester en place. » Ses camarades éclatent de rire et confirment ; je sens qu'il est ravi de rester dans son rôle.

Comment faire ? Je lui propose alors simplement, pendant les deux courts temps de méditation qui vont suivre, de dédramatiser, de ne pas se focaliser sur son agitation, mais au contraire de guetter les moments où il pourrait avoir envie de bouger et où il ne le fait pas. « Au lieu de regarder toujours les moments où tu bouges, fiche-toi la paix avec ça, mais essaie de repérer ceux où tu n'as pas bougé : il y en a forcément. » Peu convaincu, il promet tout de même d'essayer.

À la deuxième séance, Simon bouge encore, mais un peu moins. Pourtant, il dit que rien n'a changé. De semaine en semaine, comme toujours, les langues se délient. Je sens qu'il écoute ce que racontent ses camarades, sans intervenir. Un jour, après s'être tenu particulièrement tranquille pendant la méditation, il lève le doigt : « Il s'est passé un truc de fou ! J'avais encore mal, et à un moment, *j'ai eu envie de me gratter, mais je ne l'ai pas fait. Et vous savez quoi ? Au bout de quelques secondes, c'est passé ! Je suis trop content ! »*

Après cela, il vient me voir sans arrêt pour me raconter ses expériences. En trois séances, Simon parvient à apprivoiser non seulement l'immobilité, mais aussi la douleur : il est capable de rester sans bouger durant les cinq minutes que dure la méditation. Pour lui, c'est une victoire.

En méditant, j'ai retrouvé cette fameuse intelligence du corps et des émotions que l'on valorise désormais autant que l'intellect après l'avoir longtemps négligée. En accordant plus d'écoute à mon corps, j'ai pu retrouver cette forme d'intuition qui permet notamment de percevoir en un instant l'atmosphère qui règne dans un lieu, une salle de classe, par exemple. C'est ce que j'ai transmis aux enseignants auprès desquels je travaille, qui ont ainsi appris à « sentir » leur classe et à adapter leur pédagogie en fonction de l'atmosphère qu'ils perçoivent, de leur ressenti face aux élèves, au lieu d'appliquer un programme établi à l'avance.

« Danser » avec les situations

La méditation nous apprend à ne plus entrer « en force » contre le moment présent, mais au contraire à écouter d'abord les indications fournies par notre corps et nos perceptions sensorielles. À ressentir le monde avant de l'intellectualiser. Plus on redécouvre son corps, moins on est pris par les codes sociaux et les idées préconçues que l'on répète sans bien savoir pourquoi, jusqu'à les vider de leur sens.

L'un des enseignements de la méditation consiste à s'ajuster en permanence, pour « danser » avec les situations. En s'autorisant à entrer dans cette danse, à expérimenter de nouveaux pas en fonction de notre ressenti, on fait exploser les idées reçues que l'on a sur nous-mêmes, sur nos capacités. Dès lors on peut suivre la direction que le présent nous indique, en oubliant les repères habituels dictés par la routine.

Dans les lycées où j'interviens, je regroupe généralement les séances sur une journée où j'enchaîne avec toutes les classes, parfois jusqu'à sept. Pourtant, les méditations ont beau être les mêmes, chaque séance est différente ! Le cadre que je me donne au départ – sous la forme de notes – s'ajuste en fonction des situations, des questions, de l'atmosphère de la classe ce jour-là…

Je me souviens d'être un jour arrivé dans une classe où j'étais déjà intervenu le mois précédent. Tout s'était très bien passé, j'étais donc dans ma zone de confort, tranquille, persuadé que la partie était gagnée. De sorte qu'au lieu d'être à l'écoute de la situation, j'étais distrait. Résultat : un fiasco ! Les élèves étaient agités et je ne parvenais pas à créer une situation d'écoute attentive. Pourquoi ? Parce que j'étais arrivé avec l'idée préconçue que tout allait fonctionner au lieu de me laisser guider par la situation.

Avec les enseignants, j'ai constaté la même chose : la méditation leur apporte, eux aussi, cette capacité à danser avec les situations en prêtant attention à l'atmosphère de la classe. S'ils sentent qu'un jour donné, les élèves ne sont pas prêts à écouter ce qu'ils ont à leur dire, alors ils peuvent choisir d'emprunter un autre chemin.

Auparavant, je me référais aux codes que j'avais appris et non à la situation telle qu'elle se présentait. Aujourd'hui je fais l'inverse et cela me permet d'oser m'exprimer à la première personne, en abandonnant les discours stéréotypés. Ma parole est désormais plus ancrée, plus authentique et au fond, plus singulière, plus assurée.

Dans la rencontre avec l'autre, cette posture me permet de ne plus être dupe des apparences, mais au contraire d'entrer avec lui dans une relation libérée du masque des rôles sociaux. Je sais désormais qu'il est possible de connaître des rencontres authentiques avec des gens très divers.

Cette « danse » ouvre le chemin de la confiance. Ce n'est pas une confiance en soi-même que la méditation propose de cultiver, mais une confiance en la vie même.

La méditation est donc devenue pour moi un véritable chemin de vie, sur lequel j'étais si engagé que j'ai commencé à éprouver le besoin de le transmettre à mon tour. Je m'en suis ouvert à Fabrice Midal, qui m'a proposé d'en discuter autour d'un café. Je méditais déjà depuis quelques années, mais avec lui, je me sentais encore dans une relation maître-disciple et la simple idée d'un rendez-vous, même informel, me mettait dans tous mes états. Qu'allais-je bien pouvoir dire ? Serais-je à la hauteur ? La pression s'est vite envolée : face à lui, j'ai ressenti la même chose que pendant les méditations, un espace d'accueil où je pouvais simplement être moi-même. On était loin, très loin du lien maître-disciple que j'imaginais !

Au contraire, même, Fabrice m'a montré que cette forme de relation ne pouvait qu'obstruer la compréhension de la pratique. Méditer, c'est cesser d'être intimidé, et se sentir autorisé à être, à se foutre à paix !

Du reste, il s'est mis à nu devant moi et m'a parlé en toute simplicité. J'ai alors compris que, contrairement à mes propres idées reçues, méditer instaure un espace de rencontre avec l'autre, à la fois ordinaire et profond. Ou plus précisément encore, la méditation ouvre un espace de tendresse très réelle.

Au-delà du soulagement, j'ai pu évoquer avec Fabrice mes aspirations profondes : la méditation avait tant bouleversé ma vie que j'avais le désir d'en parler et de la transmettre à mon tour. Il se trouve qu'à ce moment, face au développement de l'École occidentale de méditation, il songeait à former de nouveaux intervenants pour ses stages. Il m'a donc encouragé à me lancer. De manière surprenante, il a beaucoup insisté pour que je le fasse en partant de mon expérience, en assumant mon propre style. « Surtout ne m'imite pas », m'a-t-il dit. La confiance qu'il m'a témoignée a balayé d'un revers de main les complexes que j'avais pu ressentir les premiers temps. En m'autorisant, en quelque sorte, à être moi-même, il m'a permis de dépasser mes appréhensions pour prendre mon envol. Un long chemin s'est ouvert à moi. Chaque jour, je devais m'interroger sur ce que m'apportait la méditation, ce qu'elle changeait réellement dans ma vie.

Notre relation a évolué, aussi, vers une authentique amitié, qu'il faut entendre dans le sens grec de « *philia* », que le philosophe Hadrien France-Lanord définit comme « un rapport où mutuellement, réciproquement, des êtres humains se prennent en garde l'un l'autre » et où « l'ami ouvre l'autre à son propre être ».

Je m'aperçois aujourd'hui que, lorsque j'enseigne la méditation dans les écoles, je tente de créer une relation d'amitié avec les élèves. Je ne me place pas en position de surplomb et c'est cela qui les aide.

Méditer avec les éducateurs

À la fin de mon master 2, au lieu de me lancer dans une thèse, j'ai préféré accepter un poste de formateur dans une école d'éducateurs. Rapidement, je suis devenu responsable pédagogique, tout en continuant à m'impliquer auprès de Fabrice Midal. C'est à cette période que s'est produit un premier déclic : j'ai ressenti le désir de transmettre la méditation à l'extérieur de l'École occidentale. Mon idée était de proposer aux éducateurs en formation des modules de méditation relatifs au rapport au corps et à l'esprit, aux émotions, à la confiance, à la bienveillance… Ce métier, parfois très éprouvant, est aujourd'hui majoritairement pensé comme un ensemble de techniques relationnelles destinées à accompagner de la manière la plus « efficace » possible les « usagers ». Chaque « acte » éducatif du travailleur social est évalué à l'aune de cette tyrannie de l'efficacité.

Mais alors, que faire de toutes les émotions qui traversent les éducateurs au contact quotidien du malaise social ? Là encore, c'est le discours de la « maîtrise » et de la « gestion » des émotions qui impose les nouvelles normes. Si bien que nous rencontrons sur le terrain des éducateurs parfois « robotisés », répétant un discours standardisé, parfois incapables d'écouter leur expérience et de se laisser guider par ce qu'ils ressentent. Avec pour conséquence une augmentation préoccupante de l'épuisement professionnel : dans le milieu de l'éducation spécialisée, chaque professionnel connaît au moins un collègue victime d'une dépression ou d'un burn out. Dans ce contexte, il y a un besoin dans le travail social de nouvelles ressources, comme pourrait l'être la pratique de la méditation, pour redonner sa place à l'humain.

Au départ, l'accueil n'a pas été très favorable. Je me suis donc contenté de proposer aux formateurs des séances de méditation hebdomadaires facultatives, à l'heure du déjeuner. Pourtant, cela a rapidement pris de l'ampleur, d'abord au sein de l'école où j'exerçais, avant d'attirer des formateurs venant de l'extérieur. Face au succès du projet, qui avait fait la preuve de son sérieux, la direction m'a donné le feu vert pour l'élargir aux étudiants et créer des modules qui leur seraient spécifiquement destinés.

En discutant avec eux, j'ai vite perçu combien la pratique que je leur proposais était susceptible de les aider concrètement dans leur projet professionnel, mais également d'un point de vue existentiel. La méditation met en lumière le caractère artificiel de la séparation entre vie professionnelle et vie personnelle, qui s'influencent en réalité mutuellement.

De mon côté, j'ai pris conscience que ces temps de méditation avec les étudiants me passionnaient : c'est ainsi que j'ai eu l'idée d'inventer le métier que j'exerce aujourd'hui. L'appel à transmettre la méditation se faisait de plus en plus pressant : pourquoi me contenter de partager cette pratique avec un petit nombre d'étudiants alors que je pourrais le faire à bien plus grande échelle ? L'adolescence me semblait une période de l'existence particulièrement propice à la découverte de la méditation ; pourtant, peu d'expériences méditatives allaient à la rencontre de ce public si singulier. Je me suis alors décidé à faire le grand saut : abandonner mon statut de cadre en CDI dans cette école de travailleurs sociaux pour me lancer dans cette nouvelle aventure en indépendant.

Le projet

J'avais dans l'idée de conserver cette activité de méditation auprès des travailleurs sociaux et des étudiants – des adultes, dont j'avais pu percevoir, au cours des deux années passées à les côtoyer en tant que formateur, combien certains étaient « perdus ». Nous vivons dans une société en mouvement perpétuel, qui exige de ses membres la perfection, un contrôle absolu sur leur vie privée et professionnelle. Dans de telles conditions, en réalité impossibles à tenir, comment ne pas craquer ? Si la méditation connaît un tel succès aujourd'hui, c'est sans doute précisément parce qu'elle permet d'accueillir ce mouvement permanent qu'impose le monde moderne, pour « danser » avec lui. En agissant sur la confiance et sur la bienveillance, elle donne un socle permettant de vivre avec une plus grande ouverture l'urgence sociale dans laquelle nous sommes plongés.

La méditation, paradoxalement, offre la possibilité d'être à la fois complètement ancré et toujours en mouvement. Elle nous apprend à être centré, en rapport avec notre corps, notre respiration, mais aussi, dans le même temps, décentré, détaché de nos catégories, par exemple pour être capable d'écouter l'autre dans ce qu'il est.

C'est l'une des intervenantes de l'École occidentale de méditation, Clarisse Gardet, auteure du livre *Méditer avec les enfants*[12], qui m'a mis en contact, pour la première fois, avec une enseignante désireuse d'intégrer la méditation dans sa classe. Professeure de lettres et d'histoire dans un lycée professionnel du 19e arrondissement de Paris, elle se sentait démunie face à la capacité d'attention limitée de ses élèves. Même les plus motivés semblaient incapables de se centrer suffisamment pour la laisser aller au bout des réponses aux questions qu'eux-mêmes posaient. Son idée était donc de faire intervenir quelqu'un dans la classe pour donner quelques clés susceptibles d'aider les élèves à être plus attentifs. Lorsque Clarisse lui a soumis mon projet, elle s'est aussitôt enthousiasmée et en a parlé autour d'elle, au lycée. C'est ainsi que nous avons commencé à nous réunir, avec quelques-uns de ses collègues, pour réfléchir à la manière dont nous pourrions procéder.

Ces échanges nous ont permis de prendre conscience qu'il fallait aller plus loin qu'une simple intervention en classe, que le plus pertinent serait de travailler auprès des enseignants, afin de les former pour qu'ils soient capables de créer des situations de méditation dans leur classe, sans moi, en toute autonomie. C'était la seule façon d'envisager que la situation puisse évoluer.

Comment installer la méditation dans les lycées et dans les collèges ? Le premier besoin qu'ont manifesté les enseignants était celui de créer un « sas », un espace de transition entre la récréation et la classe, afin que les élèves puissent adapter leur comportement de l'une à l'autre en douceur. Il fallait trouver un geste symbolique, un rituel destiné à signifier aux élèves que le moment était venu de se poser et de retrouver leur attention. Pour ce faire, nous avons eu l'idée de proposer quelques minutes de transition, sous la forme d'une courte séance de méditation

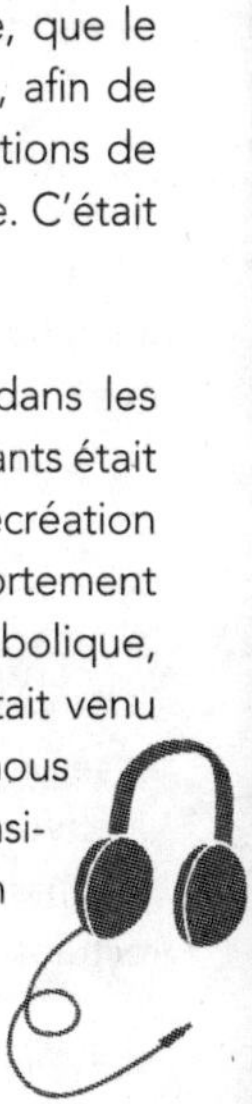

14. Clarisse Gardet, *Méditer avec les enfants*, Le Livre de Poche, 2016.

(de deux à cinq minutes) menée par l'enseignant avant de démarrer son cours. J'ai d'abord rencontré chaque classe pour leur présenter notre projet et proposer une brève initiation. En complément, je rencontrerais les jeunes les plus durs, les « leaders », débordés par leurs émotions à la moindre frustration, afin de leur proposer une méditation sur mesure, adaptée à leurs difficultés.

Nous nous sommes donc réunis, d'abord avec les enseignants et la conseillère principale d'éducation, puis avec la proviseure, que nos propositions ont tout de suite convaincue. C'est ainsi que le projet a pu être lancé.

Il s'agissait de formations facultatives, auxquelles assistaient une grande part des enseignants. Cela constituait aussi un moment d'échange sur leur pratique pédagogique, dont ils ne parlaient pratiquement jamais entre eux. Au terme de ces formations, certains ont décidé de guider eux-mêmes la méditation, tandis que d'autres, qui ne se sentaient pas prêts à le faire, préféraient utiliser des enregistrements.

De l'expérimentation à la reconnaissance

Dans ce petit établissement, l'accueil s'est révélé particulièrement favorable : à la fin de cette première année expérimentale, on m'a sollicité pour la rentrée suivante, à la demande des enseignants et notamment de ceux qui avaient « passé leur tour » la première fois, mais aussi des élèves, désireux de renouveler l'expérience, dans laquelle ils voyaient un accompagnement possible dans la perspective des examens.

La proviseure a donc fait en sorte que le projet puisse s'élargir et se pérenniser, grâce à des financements de la région. Toujours à un stade expérimental, le projet pouvait prendre de l'ampleur. Je suis intervenu dans d'autres établissements, et de fil en aiguille, le rectorat a fini par s'y intéresser à son tour et a reconnu officiellement mes interventions, désormais validées par le terrain. Cela permettait bien sûr d'installer mon activité et de commencer à en vivre, mais aussi de prendre en compte les demandes de nouveaux établissements.

Je suis ainsi intervenu dans un « atelier relais » du Val-de-Marne, accueillant des collégiens en situation de décrochage ou de phobie scolaire durant six semaines : je travaillais avec eux une fois par semaine, et entre deux séances, la coordinatrice du projet les faisait méditer. Au terme de la session, les élèves présentaient à leurs parents les activités qu'ils avaient effectuées durant le stage. À son initiative, l'un des jeunes participants a choisi de faire méditer parents et enseignants !

Le bouche-à-oreille et l'article d'une journaliste du *Point* m'ayant suivi pendant plusieurs semaines aidant, je travaille désormais auprès de publics très divers, depuis les jeunes hébergés en foyer éducatif jusqu'aux élèves des grands lycées, où le stress et l'angoisse liés à la performance scolaire viennent s'ajouter à la problématique du divertissement.

À la fin d'une conférence dans une grande école parisienne, où j'ai largement évoqué l'exigence de perfection et la pression que chacun d'entre nous est susceptible de s'infliger au quotidien, un groupe d'étudiants vient me voir pour témoigner de leurs propres difficultés. Ils sont en deuxième année et éprouvent tous un stress terrible face à la perspective des examens de fin d'année. L'une m'explique qu'elle fait des crises d'angoisse qui la paralysent ; un autre, qu'il n'en dort plus. Je leur propose d'en parler avec les enseignants, pour mener un travail autour de la préparation aux examens et de cette pression que l'on se met à trop vouloir bien faire. À la fin de nos échanges, j'étais troublé, j'ai senti une profonde tristesse, je prenais vraiment conscience de l'ampleur de la pression que subissent ces jeunes gens.

Au fil des séances, ces étudiants apprennent à ne plus essayer de combattre à tout prix le stress, ce qui ne fait que le renforcer, mais au contraire à l'accueillir, à l'accepter tel qu'il est pour mieux le laisser « glisser » et l'empêcher d'occuper toutes leurs pensées. Ressentent-ils moins de stress à la fin de l'année ? Non, mais ils savent désormais lui donner sa juste place, s'en faire un « ami » et ne plus le laisser les paralyser face à l'examen.

Avec le recul, je dirais que dans les faits, méditer avec les adolescents constitue une expérience singulière, fruit d'une réflexion sur cette période tumultueuse de la vie, mais aussi sur la méditation telle qu'elle est traditionnellement enseignée, afin de l'ajuster aux problématiques de ce public spécifique tout en préservant les racines de cette pratique millénaire.

Comment la méditation peut-elle répondre aux angoisses de ces jeunes qui ne sont plus des enfants, mais pas encore des adultes ? De quelle façon peut-elle les aider à s'accepter dans cette période de changement ? Comment peut-elle leur permettre de surmonter les difficultés propres à notre époque ?

Mais aussi comment, très concrètement, en tant que professionnel ou parent, mettre en place une séance avec un ou plusieurs adolescents ? Comment les accompagner dans cette démarche intime de synchronisation avec le présent ?

2
MÉDITER AVEC DES ADOLESCENTS

De très nombreux livres se sont penchés sur la question de l'adolescence, et mon propos ici n'est pas d'en donner une définition exhaustive. Je me contenterai d'en brosser à grands traits les problèmes spécifiques auxquels la méditation a démontré qu'elle pouvait apporter des réponses concrètes, avant de donner des pistes destinées aux accompagnants et aux parents… et naturellement aux premiers concernés : les adolescents eux-mêmes !

L'adolescence : une première zone de turbulences dans un monde en crise

L'adolescence est avant tout une période de **mouvement** – transformations corporelles, modification de l'environnement, nouvelles perspectives plus ou moins effrayantes ou exaltantes… –, qui crée une forme d'instabilité, un inconfort, une vulnérabilité provoquant une perte de confiance. Une zone de turbulences, en somme, qui met l'adolescent à nu et le rend particulièrement vulnérable.

La méditation a précisément pour vocation d'aider à **assumer cette instabilité**, à accueillir le mouvement plutôt que de lutter contre lui. Elle permet donc aux adolescents de s'accueillir eux-mêmes tels qu'ils sont dans cette période de turbulences.

Il me semble cependant que l'adolescence et la fameuse « crise » qui l'accompagne ont profondément changé. Naguère, on franchissait cette période trouble pour acquérir peu à peu une stabilité, une indépendance financière, des socles, des repères solides qui nous permettaient de nous dire adultes. Aujourd'hui, cette période de mouvement, d'absence de repères se prolonge à l'âge adulte, et la « crise » que vivent les adolescents actuels n'est que la première et la plus forte d'une longue série. À mon sens, c'est une raison supplémentaire pour les aider à

surmonter cette première secousse sismique afin qu'ils se trouvent moins démunis face à celles qui suivront.

La méditation nous apprend à avoir moins peur des crises que nous traversons tous au fil de notre existence. Elle nous permet de les accueillir avec autant d'ouverture qu'une réussite, et de faire l'expérience directe de notre capacité fondamentale à rebondir, à faire feu de tout bois. Face à un moment de crise, nous sommes paralysés par la peur de nous sentir en échec. Toute la difficulté consiste à ne pas se laisser déborder par ce sentiment d'échec, mais au contraire de voir cela comme une occasion d'apprendre et de grandir. Avoir confiance en la vie, c'est découvrir que quoi qu'il nous arrive, tout est matière à être travaillé. C'est un enseignement fondamental de la méditation, mis en lumière par de nombreux penseurs – je pense notamment à Nelson Mandela, dont l'expérience et les mots font forte impression sur les adolescents : « Je ne perds jamais. Soit je gagne, soit j'apprends » ; « Ne me jugez pas sur mes succès, jugez-moi sur le nombre de fois où je suis tombé et où je me suis relevé à nouveau ».

« Imaginez, dis-je à ces élèves de troisième que je rencontre pour la première fois, que je suis votre prof d'histoire : je vais vous rendre vos copies, puis on fera la correction. Seulement, je vous parie qu'une fois que vous aurez regardé votre note, au lieu d'écouter la suite, vous referez le scénario du contrôle pour essayer de comprendre pourquoi je vous ai mis cette note, je me trompe ? » Tous les élèves acquiescent : « Moi, quand j'ai des mauvaises notes, je ne les regarde même pas, je mets le devoir à la poubelle et puis voilà ! »

Je leur explique que c'est l'occasion de travailler leur rapport à l'échec : « La prochaine fois qu'une note vous décevra, essayez d'écouter vraiment la correction et de comprendre précisément où se situent vos erreurs. Ne contournez pas vos difficultés, mais regardez-les frontalement, c'est le meilleur moyen pour les dépasser. »

À la séance suivante, une élève lève le doigt : « J'ai fait ce que vous disiez. Moi, d'habitude, quand je suis déçue par ma note, je m'en veux, je me dis que je suis nulle, que je n'y arriverai jamais... Et dans ces moments-là, je ne cherche même pas à comprendre. Cette fois, j'ai vraiment regardé ma copie de maths et j'ai compris qu'en fait, je commets toujours la même erreur : je trouve le bon résultat, mais je ne développe pas assez mes démonstrations. Le prof me l'a dit, pourtant, mais c'est la première fois que je m'en aperçois ! Maintenant, je vais travailler là-dessus pour progresser. »

Son intervention me permet alors d'expliquer aux élèves qu'il ne faut pas considérer une mauvaise note ou une déception comme un échec, mais au contraire comme une précieuse occasion d'apprendre.

Bien souvent, quand je rencontre les adolescents, je constate que les difficultés qu'ils expriment recoupent en partie les miennes. Nous sommes tous confrontés aux mêmes « fléaux » qui affectent notre société et nous plongent dans cet état d'instabilité presque permanent – ou du moins nous font connaître des périodes de perte de repères tout au long de notre vie. Face à ces difficultés parfois extrêmes, mon horizon est de faire comprendre aux adolescents qu'il existe une autre voie que de subir sa vie ou d'ériger une forteresse autour de soi pour se protéger face au monde.

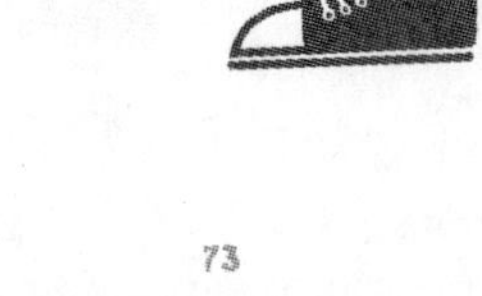

PREMIER FLÉAU

La société du divertissement permanent et de l'immédiateté

« La seule chose qui nous console de nos misères est le divertissement et c'est pourtant la plus grande de nos misères [...]. Tout le malheur des hommes vient d'une seule chose qui est de ne pas savoir demeurer au repos dans une chambre[15]*. »*

Blaise Pascal

C'est notre deuxième séance avec cette classe de première du lycée professionnel où je débute comme instructeur de méditation. Je leur ai exposé les bases, ils se sont montrés réceptifs : nous sommes fin prêts à entrer dans le vif du sujet. Mais quand je les invite à fermer les yeux et à ne plus bouger, c'est l'éclat de rire général. Au moment où j'ai l'impression qu'ils se posent enfin, un stylo vole dans la classe, un élève prend des photos avec son portable, tout le monde pouffe. Je ressens cette première méditation comme un échec : les élèves m'expliquent qu'ils ne peuvent pas rester sans rien faire, qu'ils ne peuvent s'empêcher de se laisser divertir par les autres ou ce qui se passe autour d'eux.

À l'issue de cette séance au cours de laquelle nous échangeons beaucoup, je prends conscience que je fais fausse route en essayant de leur faire pratiquer la méditation comme je l'ai apprise, frontalement : chez eux, le divertissement est si puissant qu'il va me falloir procéder par étapes si je ne veux pas les perdre en route. Impossible d'exiger d'eux le silence et l'immobilité dès le début. Il va me falloir établir une stratégie différente.

15. Pascal, *Pensées*, Gallimard, 2004.

La fois suivante, je procède par étapes, sans attendre d'eux l'immobilité d'emblée, je n'utilise plus le vocabulaire habituel pour installer la posture (poser les mains sur les cuisses, se tenir droit...), mais je leur propose plutôt de prendre la posture qui leur paraît la plus confortable. De mon côté, je garde la posture habituelle, certains d'entre eux m'imitent sans que je le leur demande tandis que d'autres prennent la posture qui leur convient. Je me rends compte que cette liberté crée une atmosphère plus détendue dans la salle. Au début de la méditation, le silence n'est pas complet et face à l'agitation de certains, je ne réagis pas, mais invite le groupe, par ma voix, à prendre le temps de s'autoriser à se poser, à laisser peu à peu retomber la pression, je leur rappelle que pendant ces quelques minutes ils peuvent se foutre la paix car il n'y a rien à réussir, pas d'objectif à atteindre, pas de rôle à jouer. Ça marche ! Au bout d'une minute, les plus agités semblent s'apaiser d'eux-mêmes. Je me rends compte qu'en leur laissant l'espace et le temps suffisant pour prendre conscience de leur agitation, sans les faire culpabiliser par une remarque, ils s'autorisent à accueillir ce mouvement sans « se prendre la tête » et c'est ainsi qu'ils parviendront peu à peu à apprivoiser l'immobilité. Au fil du temps, la classe parvient à créer une telle atmosphère que, le temps de la méditation, les élèves sont ensemble, en silence.

Au terme de la troisième séance, je propose aux élèves, en guise de « bouquet final », de faire une dernière méditation. Au bout d'une minute, la sonnerie retentit dans les couloirs du lycée. À ma demande, personne ne bouge. Je leur dis de poursuivre, d'attendre le son du gong pour rouvrir les yeux, ce qu'ils font, sans un bruit, sous le regard stupéfait et ravi de l'enseignante qui assiste à la séance. Il s'est réellement passé quelque chose d'inédit dans cette classe.

Parmi les jeunes de tous milieux que je rencontre, beaucoup, sinon la majorité sont, à des degrés divers, anesthésiés par le divertissement. Jeux, réseaux sociaux, séries... : leur vie se construit autour du divertissement, et le moindre instant qui pourrait être libre devra être aussitôt comblé par une occupation, sous peine de sombrer dans l'angoisse.

Disposant d'une infinité de possibilités de se distraire, de consommer, à portée de clic, ils sont incapables d'attendre, gouvernés par la nécessité de tout avoir tout de suite, sans sortir de chez eux. Cette tendance lourde, qui se manifeste évidemment aussi chez nous, adultes, prend cependant une forme plus poussée chez ces jeunes nés dans cette société de l'immédiateté. Aussitôt comblés ou contrariés, les désirs disparaissent ou laissent place à d'autres, plongeant les jeunes dans un état de frustration perpétuelle ou d'insatisfaction permanente, à l'origine de comportements impulsifs et même parfois violents envers eux-mêmes ou les autres.

La CPE d'un lycée professionnel où j'expérimente la méditation avec les élèves est très impliquée dans le projet. Nous discutons régulièrement, notamment à propos des jeunes les plus en difficulté, qu'elle me suggère de rencontrer individuellement, avec leur consentement. À nous de nous montrer convaincants pour qu'ils acceptent de me voir. Pour ce faire, au terme de chacune de mes interventions dans les classes, je propose aux élèves d'échanger avec ceux qui le souhaitent, pour évoquer leurs problèmes, qu'ils soient liés aux émotions, à la violence, à l'anxiété ou au manque de sommeil…

C'est ainsi que je travaille avec Maxime, un élève de terminale qui me rappelle à bien des égards les jeunes que j'avais l'habitude de côtoyer lorsque j'étais éducateur de rue. Maxime éprouve la plus grande difficulté à supporter la frustration, qui le met dans des états de violence pratiquement incontrôlables. Il a d'ailleurs déjà été exclu d'un précédent lycée et n'a rejoint celui-là que depuis quelques semaines, mais il en fait voir de toutes les couleurs à l'équipe enseignante. En somme, dès qu'un professeur fait une remarque qui lui déplaît, il « pète les plombs », comme il dit. Après une première entrevue de trente minutes, très motivé, il exprime le souhait de continuer les séances avec moi, estimant que cela pourrait l'aider à aller jusqu'au bac.

Quelques semaines plus tard, alors qu'il me semble avoir bien évolué, je croise la CPE : « Il y a un problème, Maxime a fait une grosse connerie, il passe en conseil de discipline demain. Je sais que tu mènes un gros travail avec lui, mais là, c'est grave : il y a peu de chances qu'il finisse l'année ici. » Elle accepte que je le voie le soir même. Quand je le retrouve, après qu'il m'a réaffirmé sa volonté d'avoir le bac, je lui propose une stratégie : devant le conseil de discipline, au lieu de rester muet comme il le fait habituellement ou de répondre aux critiques par l'agressivité, il reconnaîtra ses torts, demandera aux enseignants de lui donner une dernière chance de poursuivre sa scolarité ici, en s'engageant à continuer le travail autour de la méditation avec moi jusqu'à l'examen. Il accepte ! Le lendemain soir, la CPE m'appelle : « Le conseil de discipline a décidé de lui donner sa chance, il reste. »

Quand on se revoit, Maxime réussit à me dire qu'il ne parvient pas à se maîtriser, et que chaque fois, il s'en veut énormément après coup. L'essentiel du travail que nous menons ensemble consiste à l'aider à accueillir sa colère quand elle est là plutôt que de réagir au tumulte. J'utilise beaucoup l'image des arts martiaux pour l'aider à visualiser le mouvement, lui qui aime tant les sports de combat. Il doit commencer par essayer de percevoir le moment déclencheur de son émotion, puis s'appuyer sur les instants où il sent qu'il peut se poser avant de passer à l'acte. On travaille également sur la respiration, qui l'aide à vivre sa colère de manière plus apaisée. De fil en aiguille, il y parvient de mieux en mieux. Cela crée un cercle vertueux, une dynamique avec les enseignants, qui commencent à le regarder autrement.

Nous allons jusqu'au bout. À la fin de l'année, Maxime décroche le bac…

L'attente, la patience, le silence et la contemplation deviennent intolérables, provoquant une angoisse qu'il faut chasser par un nouveau divertissement afin d'anticiper le vide, de le combler avant même qu'il ne se présente. Nous – et les adolescents les premiers – passons notre vie à nous jeter corps et âme dans le divertissement, participant à l'état d'anesthésie généralisée de notre société, où chacun vit dans sa bulle, physiquement présent, mais l'esprit ailleurs.

Lorsque je rencontre un groupe d'adolescents, j'essaie d'emblée de mettre en lumière ce mouvement dans lequel ils sont pris et qu'ils ne perçoivent pas toujours tant leur immersion est profonde. Je leur explique, par exemple, qu'il est impossible d'être réellement avec les autres si l'on garde son portable à la main, à l'affût des messages ou des notifications. Tous ou presque se plaignent de manquer de sommeil, mais les mêmes, si on les questionne, admettent qu'ils sont incapables de s'endormir loin de leur écran. Épuisés, certains jeunes finissent par souffrir d'un déficit de l'attention.

Dans cette classe de première, le débat va bon train autour de la question du téléphone portable et de la difficulté que la majorité des élèves éprouvent à le lâcher pour travailler, ou avant d'aller se coucher. J'ai le sentiment, à travers leurs mots, qu'il leur est presque impossible de vivre sans leur Smartphone. Certains parlent même d'addiction, expliquent qu'ils sont capables de passer la nuit les yeux rivés sur l'écran…

Une jeune fille lève alors la main : « Moi, je suis exactement comme les autres, mais j'ai vécu un truc qui m'a fait comprendre qu'il est possible de s'en passer. Si, si, je vous jure ! » Emma est l'une des leaders de la classe, toujours prompte à dégainer une vanne, mais elle est tellement positive et enthousiaste que je la laisse parler. « En troisième, on est partis en Pologne avec la classe, tous avec nos portables. Quand on arrive dans le village où on est censés passer la semaine, il n'y a pas de réseau ! Les profs ne nous l'avaient pas dit. Pendant deux jours, on leur a mis la misère. Certains élèves voulaient rentrer, on mettait tous la pression aux profs pour qu'ils nous emmènent dans un endroit normal, avec du réseau, au moins une heure par jour. On était insupportables, mais ils n'ont pas craqué ! Et au bout de deux *jours, on a commencé à ne plus y penser... Eh bien je vous jure, c'est les meilleures vacances que j'aie jamais passées ! C'était trop bien. On a profité de la campagne, on fabriquait des cabanes, on discutait. Des fois, je me dis que si on pouvait avoir des moments comme ça, sans portable, ce serait vraiment bien. »*

Ce témoignage, dans sa simplicité, est sans doute l'un des plus marquants qu'il m'ait été donné d'entendre dans une classe. Je l'utilise souvent avec les élèves pour leur montrer que c'est possible, et faire le rapprochement avec la méditation : passé l'instant de légère panique, on peut s'appuyer sur ces moments où l'on n'a pas son portable, pour laisser passer l'impulsion de le reprendre, le mettre en mode avion... Pour réapprendre à vivre sans.

> Selon la Haute autorité de santé (HAS), le « déficit de l'attention avec ou sans hyperactivité (TDAH) est un trouble, un syndrome associant trois symptômes, dont l'intensité varie selon la personne : le déficit de l'attention (l'incapacité à maintenir son attention, à terminer une tâche, les oublis fréquents, la distractibilité ou le refus ou évitement de tâches exigeant une attention accrue) ; l'hyperactivité motrice (une agitation incessante, l'incapacité à rester en place lorsque les conditions l'exigent) ; l'impulsivité (la difficulté à attendre, le besoin d'agir, la tendance à interrompre les activités des autres). Ces symptômes altèrent de manière durable et significative le fonctionnement social, scolaire et la qualité de vie de l'enfant ou adolescent ».

La méditation vient agir directement sur notre asservissement au divertissement en faisant redécouvrir à ceux qui la pratiquent la possibilité d'apprivoiser le silence et l'immobilité, de retrouver le soulagement de ne rien faire, mais aussi de cultiver une forme d'attention naturelle à l'égard de son environnement tel qu'il est, là, maintenant.

DEUXIÈME FLÉAU

L'injonction à la performance, à la perfection et au bien-être

« Ah ! Seigneur ! donnez-moi la force et le courage de contempler mon cœur et mon corps sans dégoût ![16] »

Charles Baudelaire

La méditation est souvent considérée, à tort, comme un moyen de procurer à l'individu une forme de bien-être, de lui permettre de développer un état répondant à cette injonction autoritaire au bonheur. En réalité, cette façon de « vendre du rêve » est en contradiction avec les fondements mêmes de cette pratique. Car à l'inverse de la méditation, qui nous invite à les accueillir, cette tyrannie actuelle du bonheur ne tolère pas les troubles, la tristesse passagère et toutes les émotions qu'elle qualifie arbitrairement de *négatives*, et qui sont en fait parfaitement naturelles et source de nos plus grands apprentissages. La méditation nous apprend précisément à ne pas juger ces émotions mais à les faire nôtres, à les aborder sous un autre jour, où elles apparaissent comme parfaitement acceptables et même constructives.

Loin d'être positive pour l'individu et le groupe, l'injonction au bonheur et à la performance crée à l'inverse un terrible sentiment d'isolement, y compris et surtout chez les adolescents, et dans tous les milieux : l'immense majorité des travailleurs sociaux relèvent chez les jeunes qu'ils accompagnent un grave déficit de l'estime de soi.

16. Charles Baudelaire, « Un voyage à Cythère » in *Les Fleurs du mal*, Le Livre de Poche, 1972.

Dans cette période d'instabilité impossible à maîtriser, les jeunes ne voient que ce qui ne va pas et sont plus enclins que jamais à l'autodénigrement. Ils consacrent une grande partie de leur énergie à bâtir l'image qu'ils renvoient aux autres et refusent de regarder en eux, rejetant cette part intime qui les constitue. Plutôt que de s'intéresser à ce qu'ils sont réellement, ils s'emploient à se forger un idéal d'eux-mêmes impossible à atteindre, qui leur met une terrible pression et les rend malheureux – quand ils ne contemplent pas sur Instagram la vie rêvée autant que factice d'adolescents « parfaits » dont ils mesurent la distance avec la leur…

Face aux autres, adultes ou amis, ils ne montrent que cette image. La plupart d'entre eux n'évoquent jamais leurs failles et leur vulnérabilité, ils préfèrent afficher une image de bonheur forcé qui les entraîne dans un cercle vicieux de dévalorisation et de haine de soi. Ils se jugent en permanence, s'évaluent négativement tout en essayant de sauver les apparences en mettant en avant leur image. Faute de bienveillance envers eux-mêmes, ils se montrent très durs les uns avec les autres et ne supportent pas l'idée même de l'échec, préférant se réfugier dans le déni de leurs difficultés.

J'interviens dans une grande école parisienne qui propose à ses étudiants plusieurs ateliers, dont la méditation. Le groupe est composé d'une quinzaine de jeunes femmes et jeunes gens, que je suis une fois par semaine, pendant deux heures, sur un semestre. Parmi eux, Marie, qui revient pour la troisième fois. Assez réservée, elle est très à l'écoute et ne commence à s'exprimer réellement que ce semestre-là, où le groupe se trouve être assez restreint. Elle nous explique alors que son désir d'être parfaite l'empêche, depuis plusieurs mois, de passer tout examen oral. Elle se met une telle pression pour réussir, elle a si peur du jugement des autres, de ne pas être à la hauteur, qu'elle en est totalement paralysée. Son année est ponctuée d'échéances, d'exposés, et elle trouve toujours excuses et prétextes pour ne pas les honorer. Le paradoxe, qu'elle exprime parfaitement, est qu'elle se met

elle-même précisément dans cette situation d'échec qui représente pourtant sa crainte la plus terrible. D'une certaine façon, c'est une manière de ne pas perdre la main. De fait, ses stratégies d'évitement sont si élaborées que ses camarades ne les remarquent même pas.

Pour Marie, le fait d'en parler représente déjà une libération. Nous travaillons ensuite sur cette question, qui touche pratiquement tout le monde, sous la forme de méditations destinées à aider ces étudiants à s'accepter tels qu'ils sont. Au fil des séances, Marie surmonte son blocage et parvient à passer ses oraux de fin d'année.

La méditation travaille concrètement sur la possibilité de développer bienveillance et amitié envers soi-même, très simplement : quand on ressent une pensée négative, la méditation nous invite à déconstruire notre habitude du jugement pour nous contenter d'accueillir avec bienveillance l'émotion et de la laisser être. On constate paradoxalement que plus on laissera de place à ces sentiments – cette part de nous que l'on déteste –, plus ils seront susceptibles de se dissoudre d'eux-mêmes. En laissant de la place à cette émotion, je la rencontre enfin, j'écoute ce qu'elle a à me dire mais je ne l'agrippe pas, je la laisse se dissiper d'elle-même. En apprenant à accueillir l'émotion dans un espace ouvert et vaste, on s'aperçoit également qu'elle ne représente pas toute notre identité. C'est un mouvement d'équilibre : je laisse de la place à mes émotions sans m'y identifier totalement.

TROISIÈME FLÉAU

Le besoin de contrôle et de maîtrise, à son corps défendant

« *Rester calme, sous-entendu se contrôler et ne jamais exprimer trop vivement sa colère ou son chagrin, sa joie ou ses envies. Être calme semble une promesse formidable, mais cette injonction cache en vérité un des visages de la barbarie de notre temps. Un temps qui nous interdit d'être ce que nous sommes pour nous transformer en moutons uniformes*[17]. »

Fabrice Midal

Notre époque est marquée par la folle illusion que l'être humain serait capable de tout contrôler, une ambition qui donne à la volonté prétendument toute-puissante une place démesurée dans notre quotidien. Plus je veux, plus je domine, plus je contrôle, plus je vais avancer… Au XVIIe siècle, le philosophe René Descartes annonce déjà ce nouveau paradigme qui donne pour horizon à l'homme moderne de devenir « comme maître et possesseur de la nature ».

Dans cette perspective, la méditation peut apparaître comme un outil plein de promesses pour atteindre cet objectif de maîtrise : faire le vide dans sa tête et ne plus avoir de pensées, se désensibiliser pour ne plus être troublé par les émotions difficiles qui nous traversent… Pourtant, si l'on s'en tient à ces idées reçues, nous risquons d'être très vite déçus ! En effet, le premier grand choc, quand on commence à pratiquer, est de constater que nous ne

17. Fabrice Midal, *Foutez-vous la paix ! et commencez à vivre*, Pocket, 2018.

pouvons pas maîtriser le flux de nos pensées. Ces dernières surgissent sans aucune intervention de notre volonté.

Inévitablement, à un moment, au cours de la méditation, nous serons entraînés hors de l'instant présent par des pensées diverses : il y a fort à parier, par exemple, que si nous avons un entretien important (et stressant) à venir, nous nous y projetterons et chercherons à anticiper les questions qu'on pourra nous poser. À un moment cette pensée passe, et nous revenons au présent en sentant notre souffle ou notre présence corporelle... Mais quelques secondes plus tard, une nouvelle pensée se présentera – le souvenir d'une dispute avec notre conjoint(e), la tristesse, les regrets, les scénarios qui auraient pu permettre d'éviter cela... Puis soudain, sans qu'on l'ait décidé, notre esprit reviendra au moment présent et nous retrouverons l'environnement dans lequel nous méditons. S'éloigner du présent, mais aussi y revenir, ne sont pas le fruit de notre volonté : la bonne nouvelle, c'est que nous possédons une capacité naturelle à retrouver le moment présent. Méditer, c'est saluer cette capacité de l'esprit à revenir quand il s'est échappé.

La méditation n'a donc pas pour finalité de chasser ses pensées ou de parvenir à un état sans troubles : pendant la pratique, je peux être agité ou malheureux. L'idée de pouvoir supprimer immédiatement ses pensées peut certes apparaître comme une perspective attirante et réconfortante, mais en réalité, cela cache un refus, un rejet, une profonde hostilité à l'égard de ce qui est : en prétendant supprimer nos pensées, nous entrons en guerre contre nous et les autres, contre le monde, contre la réalité... Cette hostilité est bien souvent la cause d'une partie de nos souffrances et d'un repli sur soi, car nos actions sont alors gouvernées par la peur.

À la fin d'une intervention dans un collège, une jeune fille vient me voir pour me raconter que durant les temps de méditation, elle garde les yeux ouverts, alors que je propose à la classe de méditer les yeux fermés. Je la félicite en lui expliquant que dans la méditation telle qu'elle est classiquement pratiquée, on garde en effet les yeux ouverts pour conserver le contact avec l'environnement, car la méditation n'est pas une introspection mais une ouverture au monde. Dans les collèges et les lycées en revanche, je propose toujours aux élèves de commencer par fermer les yeux pour se libérer peu à peu du sentiment qu'ils peuvent être jugés par le groupe et éviter les effets d'entraînement liés au regard des autres.

Mais devant mes explications, la jeune fille fait non de la tête et me dit que sa volonté de garder les yeux ouverts relève d'une tout autre raison : ce qu'elle veut, c'est garder le contrôle, au cas où quelqu'un ferait irruption dans la salle ou qu'il arrive un malheur. Dans sa vie, m'explique-t-elle, elle est toujours sur le qui-vive. Elle ne lâche jamais prise, y compris pendant son sommeil, incapable de faire confiance à quiconque, pas même à ses amis ou à ses parents. « Au fond, me dit-elle, si ça ne tenait qu'à moi et que ma mère ne m'y obligeait pas, je n'irais pas à l'école et je resterais chez moi, en sécurité dans ma chambre. » Constatant que cet hyper-contrôle crée chez elle un isolement profond, un refus de s'ouvrir à quiconque, je lui fais remarquer en souriant qu'elle est en train de me parler. Elle acquiesce et, au fil des séances, un lien finit par se créer.

En méditant, nous empruntons un chemin caractérisé par la confiance en la vie, qui nous invite à baisser les armes, à abandonner le combat contre soi, contre les autres, contre le monde. Plus nous abandonnerons ce désir tyrannique de vouloir tout contrôler, moins nous nous méfierons du monde et plus nous cheminerons sur la voie de la confiance. Nous ferons alors l'expérience très concrète que derrière chaque trouble, chaque difficulté que nous rencontrons, la possibilité d'évoluer et de se transformer favorablement existe. C'est le magnifique enseignement que le poète Rainer Maria Rilke transmet à son lecteur, M. Kappus, dans son œuvre célèbre, *Lettres à un jeune poète*.

« *Nous n'avons aucune raison de nous méfier du monde car il ne nous est pas contraire. S'il y est des frayeurs, ce sont les nôtres ; s'il y est des abîmes, ce sont nos abîmes ; s'il y est des dangers, nous devons nous efforcer de les aimer. Si nous construisons notre vie sur ce principe qu'il nous faut aller toujours au plus difficile, alors tout ce qui nous paraît encore aujourd'hui étranger nous deviendra familier et fidèle. Comment oublier ces mythes antiques que l'on trouve au début de l'histoire de tous les peuples ; les mythes de ces dragons qui, à la minute suprême, se changent en princesses ? Tous les dragons de notre vie sont peut-être des princesses qui attendent de nous voir beaux et courageux. Toutes les choses terrifiantes ne sont peut-être que des choses sans secours, qui attendent que nous les secourions. Aussi, cher monsieur Kappus, ne devez-vous pas vous effrayer quand une tristesse se lève en vous, fût-elle une tristesse plus grande que toutes celles que vous avez vécues. Quand une inquiétude passe, comme ombre ou lumière de nuage, sur vos mains et sur votre faire, vous devez penser que quelque chose se fait en vous, que la vie ne vous a pas oublié, qu'elle vous tient dans sa main à elle et ne vous abandonnera pas. Pourquoi voulez-vous exclure de votre vie souffrances, inquiétudes, pesantes mélancolies, dont vous ignorez l'œuvre en vous ? Pourquoi vous persécuter vous-même avec cette question : d'où vient tout cela, où va tout cela ? Vous savez bien que vous êtes évolution et que vous ne désirez rien tant vous-même que de vous transformer. Si certains de vos états vous semblent maladifs, dites-vous bien que la maladie est pour l'organisme un moyen de chasser ce qui lui est contraire. Il faut donc aider cette maladie à suivre son cours. C'est le seul moyen pour l'organisme de se défendre et de se développer*[18]. »

Rainer Maria Rilke

18. Rainer Maria Rilke, *Lettres à un jeune poète*, Gallimard, 2006.

La méditation permet aussi de créer cet espace de confiance et de sécurisation où les jeunes se sentiront capables de s'exprimer librement. La méditation donne la possibilité de reprendre confiance en la vie, en le moment présent, et de ne pas être perpétuellement dans l'anticipation et le contrôle de ce qui va (ou non) arriver.

Des méditants pas comme les autres

Lorsque j'interviens au sein d'un établissement scolaire, les premiers temps, il est nécessaire de « ritualiser » les séances de méditation, pour les ancrer dans les habitudes de la classe. Ensuite, à mesure que les participants s'approprient la pratique, ils viennent y piocher ce dont ils ont besoin selon les circonstances. Au fil du temps, les enseignants se disent mieux capables de sentir l'ambiance de leur classe et d'adapter les thèmes, d'ajuster leur approche pédagogique ou encore de proposer une méditation s'ils le jugent nécessaire. Parfois même, ce sont les élèves qui en font la demande, lorsqu'ils se sentent trop agités pour suivre le cours, ce que je n'aurais jamais envisagé quand j'ai démarré le projet.

Pour de nombreuses raisons propres à cette période de la vie, faire pratiquer la méditation à des adolescents, en groupe ou individuellement, à l'école ou à la maison, requiert quelques préalables indispensables, qui ne sont pas nécessairement les mêmes que pour des adultes.

Se montrer authentique

Je pense que l'on peut expliquer la violence de la « crise d'adolescence » et la difficulté d'en sortir par l'incapacité des adultes à montrer leur propre vulnérabilité. Confrontés à des émotions qu'ils jugent négatives, les jeunes peinent à trouver chez leurs aînés, qu'ils soient leurs enseignants ou leurs parents, des modèles susceptibles de les aider à comprendre comment les surmonter.

Si l'on veut communiquer avec les adolescents et leur apporter quelque chose, il est indispensable de renverser cela en se montrant authentique. En préambule, je n'hésite donc jamais à évoquer devant eux ma vulnérabilité, les crises que je peux moi aussi traverser ; à leur dire que ma vie non plus n'est pas simple et que, comme eux, il m'arrive de me laisser aller au divertissement.

En somme, que comme tous les adultes – leurs parents, leurs profs, eux-mêmes dans un avenir proche –, je suis loin d'être parfait !

Certains enseignants qui participent aux séances abondent d'ailleurs parfois dans mon sens et expliquent, sous le regard sidéré de leurs élèves, que les exemples que je donne les concernent eux aussi. Il me semble nécessaire de préciser ici que ces moments précieux où l'adulte évoque face aux adolescents des exemples concrets liés à sa propre expérience ne sont pas des occasions de raconter sa vie de manière égocentrée, mais le moyen de faire évoluer favorablement une situation. L'expérience du terrain démontre qu'il s'agit d'un facteur déterminant pour créer une atmosphère plus humaine où il est possible d'avancer ensemble.

Dans bien des classes où j'interviens, la méditation a d'ailleurs transformé le rapport entre les enseignants et leurs élèves, qui gagnent en empathie, en compréhension mutuelle. Dans le contexte actuel où lien social et vivre ensemble sont en péril, je suis convaincu de la nécessité de créer des espaces où l'on pourra établir des relations authentiques. L'école me semble un terrain des plus propices pour cela, et j'espère contribuer à permettre qu'elle réalise un jour concrètement son dessein d'émancipation et non pas uniquement de préparation à s'intégrer dans la « fabrique des hommes jetables », pour reprendre l'expression d'Aimé Césaire. Quand un adulte prend le temps d'écouter les difficultés d'un élève, ce dernier ne perçoit plus seulement l'école sous l'angle de l'évaluation, de la pression et du jugement, ce qui bouleverse profondément tout son rapport à l'apprentissage.

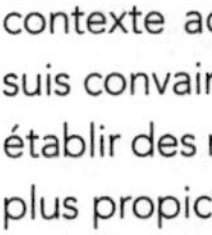

J'évoque un jour dans une classe le rapport que nous entretenons tous, les élèves les premiers, aux séries et aux écrans. Un jeune prend alors la parole : « Monsieur, ça me parle, ce que vous dites : moi, quand je regarde un épisode, je suis incapable de m'empêcher d'en regarder

un deuxième, puis un troisième... » Les témoignages s'enchaînent, puis je vois l'enseignant hocher la tête : « Vous savez, je suis comme vous, moi aussi j'adore les séries et j'ai souvent la même difficulté à m'arrêter... » Les élèves le regardent, surpris. Après un moment de stupeur, la discussion reprend — « Mais vous regardez quoi, comme série, monsieur ? » — et un véritable échange se noue entre l'enseignant et les élèves.

Trois jours plus tard, celui-ci vient me voir et m'explique que depuis cette séance, sa relation avec cette classe s'est totalement transformée : « Je n'aurais jamais pensé que cette simple anecdote personnelle pourrait à ce point changer l'atmosphère. Après ça, les élèves m'ont regardé autrement et n'ont jamais été aussi attentifs durant le cours ! »

Partager la parole

Dans chaque lieu où j'interviens pour rencontrer des adolescents, je fais en sorte de pouvoir les retrouver sur plusieurs séances d'une heure au minimum. **La première est toujours consacrée à leur exposer ma démarche, en répondant aux questions qu'ils peuvent se poser et en ponctuant cette heure de brèves méditations guidées, de quelques minutes, afin qu'ils en fassent d'emblée très concrètement l'expérience.**

Je leur laisse donc un temps de parole pour qu'ils puissent exprimer leur vision de la méditation qui, je le constate chaque fois, n'est pas inconnue pour la majorité d'entre eux et au sujet de laquelle ils ont les mêmes idées reçues que la plupart des adultes : « La méditation, c'est fait pour se calmer, se concentrer, se canaliser, être zen, se vider la tête, se relaxer... » Avant de commencer, je m'appuie sur leurs paroles pour défaire certains de ces *a priori* et leur montrer comment la méditation peut agir sur leur quotidien en m'appuyant sur des exemples concrets mettant en lumière les trois fléaux décrits précédemment.

Créer une atmosphère propice

Pour renforcer cette ambiance propice à l'échange, avant de méditer à proprement parler, il est bon d'instaurer quelques règles simples :

- On lève le doigt pour prendre la parole et les autres écoutent l'intervention jusqu'au bout.
- Les moqueries sont bannies de l'espace que nous partageons.
- Quand je donne un exemple qui leur évoque un de leurs camarades, on s'abstient de le mentionner.

Cette étape est essentielle car le groupe aura un rôle primordial durant le temps de méditation ; tout l'enjeu est que chacun des participants découvre l'effet d'entraînement positif du collectif. Dès le départ, je propose à la classe d'aider les plus en difficulté, les plus agités, les plus moqueurs, à garder le silence. Pour ce faire, lors des temps de méditation, je demande aux autres de rester dans l'espace de la pratique en ne réagissant pas aux ricanements afin d'éviter la « contagion ». Et ça marche ! Très vite, le groupe parvient à s'autoréguler. Les élèves constatent que s'ils ne se laissent pas influencer par l'environnement, s'ils ne réagissent pas aux rires, ceux-ci s'éteignent d'eux-mêmes. Grâce à cet effet positif du groupe, les « meneurs » eux-mêmes comprennent par l'expérience qu'ils sont capables de retrouver peu à peu l'attention suffisante pour suivre pleinement l'exercice.

Dans leurs yeux, je perçois souvent le soulagement d'avoir pu souffler pendant quelques minutes, de s'être libéré du poids de leur rôle habituel de perturbateur. Certains expriment même leur reconnaissance, tel ce jeune homme venu me remercier à la fin d'une séance au cours de laquelle il m'a dit ne s'être pas senti un « mauvais élève », en dépit de ses difficultés initiales à ne pas rire.

Il est donc essentiel pour l'accompagnateur de ne pas chercher à tout prix le silence complet dans les premières minutes de méditation. Le silence s'apprivoise au contraire pas à pas, *a fortiori* dans le cas d'une classe, où il est parfaitement normal de ne pas l'obtenir d'emblée.

Cette étape est aussi l'occasion d'évoquer avec les élèves les phénomènes d'influence et la manière dont la méditation peut les aider à ne pas s'y laisser prendre, à développer le courage de faire face aux chahuts et aux moqueries.

C'est ma deuxième séance avec une classe réputée difficile. La première s'est terminée sur un chahut. Cette fois, les élèves semblent suffisamment réceptifs pour que j'évoque la possibilité pour eux d'expérimenter, l'espace de quelques minutes, le silence et l'immobilité. Ce sera aussi l'occasion de se libérer du regard des autres : dans cette classe où les phénomènes d'influence sont forts, c'est un point essentiel. Je l'ai constaté la première fois, ces élèves ont du mal à faire quelque chose — en l'occurrence fermer les yeux, méditer... — sans craindre le jugement des autres. Je leur lance alors le défi, pendant les quelques minutes que va durer la méditation, d'essayer de se montrer « forts mentalement », de ne pas se laisser divertir par les autres ou leur environnement. Au début, il y a de petits rires, mais sans commune mesure avec le désordre de la dernière fois. Puis les rires s'éteignent d'eux-mêmes, repartent, s'arrêtent à nouveau ; certains jeunes bougent, puis s'immobilisent... Le pari est gagné : c'est l'occasion de leur montrer comment, quand la majorité des membres d'un groupe décident de ne pas se laisser influencer par les autres, l'atmosphère peut en être transformée.

La clé de départ : se « foutre la paix » !

Dans son livre *Foutez-vous la paix ! et commencez à vivre*, Fabrice Midal explique entre autres comment, à trop se concentrer sur sa posture, on peut faire de la méditation l'inverse de ce à quoi elle est vouée : une tyrannie de la perfection, autrement dit, pour les adultes et *a fortiori* pour les adolescents, un nouveau prétexte pour se dévaloriser. **La méditation consiste au contraire à se laisser tranquille, sans aucun enjeu de « réussite » ni donc de possibilité d'échec.** Sans pression d'aucune sorte.

Comme un écho, les premiers retours des élèves – « j'ai mal au dos », « je n'y arrive pas », « j'ai trop de pensées, ça ne marche pas »... –, qui ressentaient d'emblée cette activité comme un échec personnel, m'ont fait repenser ma manière de transmettre la méditation, en partant de cette idée centrale mise en lumière par l'ouvrage de Fabrice Midal : **la méditation n'est pas un enjeu, mais d'abord un moment de pause où les adolescents n'ont ni rôle à jouer ni pression sur les épaules**. Les premières méditations que je fais avec eux consistent donc simplement à les inviter à accueillir ce qu'ils sont. Tout le reste, la posture, la droiture, viennent ensuite, de manière facultative, s'ils en ressentent le désir.

Cette phase d'apaisement, de pacification avec eux-mêmes, est indispensable pour aborder la suite.

Accueillir ses émotions et ses pensées

C'est un phénomène dont nous avons peu conscience, mais nous pouvons passer une journée entière sans prendre le temps de voir, de sentir ce qui se passe en nous, comme si nos sensations étaient floues. Lorsqu'il s'agit d'évoquer nos ressentis, nous passons par le filtre de l'intellect, répétant un discours sur nous-mêmes influencé par nos préjugés, l'opinion commune et nos représentations. En pratiquant la méditation, nous apprenons au contraire à faire l'expérience de ce qui vient en le « goûtant » par nos sens (Quel goût cela a-t-il ? De quelle couleur est-ce ? Quelle densité perçois-je ?) au lieu de l'intellectualiser. Puis, après avoir fait cette expérience du ressenti, on peut essayer d'en parler sans se référer aux opinions communes ou à l'image que l'on a de soi.

Tout l'enjeu de mon intervention auprès des adolescents est de trouver le bon chemin pour permettre aux jeunes de ressentir ce qui se passe en eux, de percevoir les émotions qui les traversent, sans susciter gêne ou rejet de leur part. Comment se montrer suffisamment convaincant pour qu'ils acceptent de regarder en eux, de se confronter à leurs difficultés plutôt que de rester fixés sur leur image, et qu'ils puissent en parler ?

Avec eux, j'ai fait le choix d'employer une méthode à la fois ludique et concrète, suffisamment parlante pour que chacun s'y reconnaisse et qui a l'avantage de dédramatiser cette nécessaire exploration.

Dans la tradition de la méditation, le divertissement est incarné par la figure du « petit singe », un personnage que chacun de nous porte en lui et qui cherche sans cesse à s'amuser, à se divertir, en nous détournant du reste. Pour commencer, je demande aux jeunes ce qu'ils penseraient qu'il arriverait si l'on introduisait *réellement* un petit singe dans la salle : « Il courrait partout, incapable de rester en place, et déconcentrerait tout le monde. » Je leur explique alors que c'est ce petit singe intérieur qui nous empêche d'être attentif et nous glisse à l'oreille de regarder nos notifications plutôt que d'écouter en classe, ou d'aller voir YouTube au lieu de réviser.

Quand, à la séance suivante, nous parlons de ce qu'ils ont retenu de la précédente, le petit singe arrive toujours en tête : « Le mien, c'est carrément un gorille ! » m'a un jour lancé un élève.

Sur ce modèle, et en m'inspirant fortement du film *Vice-versa*[19], que la plupart des élèves ont vu, j'ai mis en place un système simple et ludique, sous la forme d'une galerie de personnages incarnant des manifestations de notre esprit, qui leur permettent de mieux comprendre comment il fonctionne. Situé dans l'esprit d'une fillette de 11 ans, *Vice-versa* met en scène différentes

19. Pete Docteur et Ronaldo Del Carmen, *Vice-versa*, 2015.

émotions incarnées par de petits personnages – Joie, Tristesse, Peur, Colère et Dégoût – qui se disputent les « commandes » du cerveau. De manière efficacement imagée, il montre que l'esprit n'est pas monolithique, mais s'appuie au contraire sur une combinaison d'éléments distincts et complémentaires, qui constituent différentes parts de nous-mêmes.

Le petit monde intérieur que j'ai imaginé comprend neuf « personnages », destinés à faire comprendre aux adolescents que toutes les émotions et les pensées qui les traversent ne sont pas des identités figées, que l'esprit est bien plus ouvert et mouvant qu'ils ne l'imaginent, et plus ouvert à l'environnement extérieur. C'est une manière pédagogique de découvrir qu'il n'y a pas vraiment de séparation entre intérieur et extérieur : notre existence est rythmée par les interactions entre dedans et dehors (le titre original de *Vice-versa* est d'ailleurs… *Inside Out*).

Au sein de notre esprit, plusieurs personnages « négocient », dont certains prennent parfois le dessus sur les autres, motivant nos actions. La méditation permet de voir plus clairement la réalité de leurs interactions, en se proposant d'accueillir tous ces personnages, qu'ils soient considérés comme négatifs ou positifs.

Le petit singe

Il cherche constamment à se divertir et à s'amuser car il ne supporte ni l'ennui ni le silence. Influencé par tout ce qui se passe autour de lui, il participe volontiers aux mouvements collectifs.

Le paresseux

Il est celui qui s'exclame « Oh, la flemme ! » quand il s'agit de se lancer dans une action et déteste tout ce qu'il considère comme répétitif. Évoquer le paresseux est l'occasion d'expliquer aux adolescents qu'un tir parfait au football ou un pas de danse spectaculaire ne sont pas seulement le résultat du talent naturel du sportif ou de l'artiste, mais aussi et surtout, en réalité, le fruit d'un intense travail d'entraînement et de répétition.

Le tyran

Éternel insatisfait, il ne voit que ce qui ne va pas. Il exige une perfection à laquelle il ne tolère pas qu'on déroge, un idéal par définition inatteignable qui génère une insatisfaction permanente. Il ne nous permet pas de nous accepter tels que nous sommes.

L'inquiet

Guidé par la peur, il cherche le confort et refuse de prendre le moindre risque. Stressé, le jugement des autres le tétanise. Parfois de bon conseil, il rend prudent. Cependant, quand il est excessif, c'est la voix du manque de confiance.

Le rêveur

Personnage très puissant, il a la capacité de nous faire rêver les yeux ouverts et il peut nous entraîner très loin du présent, du réel.

L'impulsif

Il est dans l'immédiateté et ne peut s'empêcher de réagir, physiquement ou verbalement, face à ses émotions. Il ne supporte pas la frustration et cède à la colère face à la moindre contrariété.

Chacun de ces personnages « perturbateurs » peut aussi se montrer positif, à une dose raisonnable : le problème se pose quand l'un prend nettement le pouvoir sur les autres, autrement dit, qu'il devient l'intention unique guidant nos actions. Cependant, les visualiser ainsi, de manière ludique et concrète, permet aux jeunes de relativiser face aux exigences qu'ils s'imposent et leur manque de confiance. De constater que ces travers ne constituent qu'une facette d'eux-mêmes et non un tout. Ils se sentent alors moins étiquetés et comprennent que l'identité est mouvante, nuancée, riche de multiples facettes.

Dans le même temps, j'évoque aussi des personnages-ressources, qui peuvent les aider à contrecarrer ou à moduler les « plans » des précédents :

L'aventurier

Face à l'inquiet, il argumente pour nous permettre de prendre des risques, d'aller vers l'inconnu. En soi, l'inquiet n'est pas un problème : il est normal de ressentir de la peur, mais il est aussi possible et même souhaitable, dans bien des circonstances, de dépasser cette peur. L'aventurier nous aide à prendre nos responsabilités et nous empêche de subir l'influence du groupe.

L'ami

À l'inverse du tyran, il nous accepte tels que nous sommes. Il est notre sensibilité, la voix du cœur, celui qui relativise, qui voit le verre à moitié plein et nous prodigue des encouragements. Tout le travail sur la bienveillance consiste à redonner de la place à l'ami, à une époque où le tyran a tendance à occuper tout l'espace. Je demande aux jeunes de définir le sens du terme « ami » et les encourage à se l'appliquer à eux-mêmes : on est plus facilement ami avec les autres quand on l'est d'abord avec soi.

L'éclair de présence

Il nous ramène au présent et nous fait réaliser que nous n'y étions pas. En effet, lorsque nous méditons, nous découvrons que la plupart du temps, ce n'est pas nous qui décidons de revenir au moment présent quand nous sommes embarqués par des pensées, que le mouvement du retour se fait sans un geste de volonté de notre part. La méditation cultive cet éclair de présence qui veille sur nous et nous ramène au bercail, à la manière d'un chien de berger.

À la fin de la séance, j'invite les élèves à observer la manière dont ces personnages – qui sont autant de points d'ancrage – interagissent en eux au quotidien. Généralement, ils parviennent très bien à identifier les instances qui les empêchent d'être attentifs au présent et, à travers ces personnages, à se familiariser avec leurs difficultés, à en parler paisiblement, avec humour, sans dramatiser, ce qui correspond à l'aspiration première de la méditation : comprendre que rien – ou presque – n'est grave, car rien n'est définitif. La clé de la confiance est de voir que tout peut être travaillé et qu'il est alors possible de se réconcilier avec tous les visages de ce qu'on est.

« *Ce n'est pas à nous de nous croire les dompteurs de nos lions intérieurs. Mais, tout à coup, nous nous sentons marcher à côté d'eux comme dans un triomphe, sans pouvoir nous rappeler l'instant même où se faisait cette inconcevable réconciliation (pont à peine courbé qui relie le terrible au tendre...)*[20]. »

Rainer Maria Rilke

20. Rainer Maria Rilke, extrait d'une lettre à Merline, 18 novembre 1920.

3

ET SI ON MÉDITAIT ?

Après ces préalables exposés, il est temps de vous lancer ! Pour ce faire, je propose ici des pistes très concrètes, destinées à vous permettre de pratiquer facilement la méditation avec un ou des adolescents, sous la forme de courtes séances adaptées aux besoins et aux aspirations de chacun. La signification et le déroulement de chaque méditation font l'objet d'explications simples et pratiques, que vous pourrez utiliser en complément de la version audio présente dans l'application qui accompagne ce livre.

Ces séances sont structurées autour des trois « piliers » fondamentaux de la méditation, qui nous permettent d'être dans le présent et de nous y ramener lorsque nous nous en éloignons. Ces trois ancrages sont les suivants :

- **Le corps** : ressentir notre présence corporelle.
- **Le souffle** : sentir l'air qui entre (inspiration) et l'air qui sort (expiration) ; ressentir la vie en nous et le lien immédiat avec le monde extérieur.
- **L'environnement** : ouvrir les portes de toutes les perceptions sensorielles pour se synchroniser avec le monde.

En classe, dans un premier temps, je propose pour chacun de ces « piliers » une séance composée de plusieurs courtes méditations guidées destinées à reconnecter les jeunes à leur environnement et à eux-mêmes, mais aussi à se « foutre la paix », à apprivoiser leurs émotions et à s'accepter tels qu'ils sont. Dans un second temps, les enseignants et les élèves les utilisent à leur guise, en fonction de leurs besoins.

À votre tour de les expérimenter ! Ces méditations constituent un chemin, mieux vaut donc, au préalable, les pratiquer dans l'ordre. Chacun, par la suite, pourra piocher dans cette palette de possibilités selon sa sensibilité, ses besoins ou la situation : en classe, à la maison, dans les transports…

Pour commencer, je vous propose d'écouter le premier audio introductif à ces méditations en flashant la page avec votre portable (voir p. 2).

Faire méditer son ado : mise en place d'une séance individuelle

La première des règles, pour faire pratiquer la méditation à un adolescent, est de créer une atmosphère propice, c'est-à-dire la plus ouverte possible. Comment ? D'abord en oubliant les objectifs trop ambitieux : le but n'est pas d'en faire un grand méditant en quelques séances, mais simplement de prendre le temps de vivre un moment avec votre enfant, où vous êtes pleinement ensemble. La méditation est avant tout une pratique relationnelle. Car malgré leur désir d'autonomie et leur prise de distance apparente, les adolescents ont, comme tout le monde, besoin de sentir la présence bienveillante et l'amour inconditionnel de leurs parents. Précisément, la pratique de la méditation offre un espace-temps dénué de jugement et d'évaluation car il n'y a rien à réussir : méditer avec votre adolescent est une occasion précieuse de partager un moment gratuit, sans pression. Il ne s'agit donc en aucun cas de lui forcer la main, mais de lui proposer de partager ces quelques minutes particulières avec vous.

Si vous avez l'expérience de la méditation, n'hésitez pas à lui expliquer en quoi cela vous aide personnellement. Si vous n'avez jamais médité, je vous recommande de vous y essayer au moins une fois, tout simplement par exemple en vous appuyant sur l'une des pistes audio de l'application proposée avec ce livre.

Vous pouvez également évoquer les difficultés auxquelles il est confronté (les trois « fléaux »), sans toutefois le culpabiliser ni lui faire la morale, et lui montrer que vous

aussi vous heurtez parfois aux mêmes écueils. Que vous avez, vous aussi, une part de vulnérabilité. Plus votre parole sera authentique, plus elle sera légitime et aura de chances d'être entendue.
Vous n'avez pas de coussin de méditation ? Cela n'a aucune importance : vous pouvez tout simplement méditer sur une chaise, comme je le fais avec les groupes d'élèves dans les établissements scolaires.
De même, la posture n'a pas d'importance au départ et ne doit en aucun cas être ressentie comme une pression ou une obligation. Vous pouvez néanmoins lui en présenter les points essentiels si vous la connaissez, mais il s'agit avant tout de lui faire adopter une position dans laquelle il se sente à l'aise. N'hésitez pas à lui préciser, par exemple, que s'il ressent des douleurs au cours de la séance, il peut parfaitement modifier sa position. L'essentiel est qu'il parvienne à ressentir son corps : la droiture et l'immobilité viendront tout naturellement plus tard.
Vous pouvez alors, si vous en avez l'expérience, guider vous-même la séance, ou laisser l'application proposée avec cet ouvrage le faire à votre place – ce qui présente l'avantage de vous permettre de méditer ensemble, sur le même plan. Inutile de pratiquer trop longtemps la première fois : cinq à dix minutes suffiront amplement.
À la fin de la méditation, prenez un temps pour échanger sur l'expérience que vous venez de vivre. Vous pouvez commencer par évoquer très concrètement votre propre ressenti avant de lui laisser la parole. A-t-il des questions ? Est-il parvenu à ressentir son corps ? Son souffle ? Son environnement ? A-t-il éprouvé des difficultés, ou au contraire du plaisir ? Souhaite-t-il renouveler l'expérience ? C'est aussi le moment de parler des « personnages » : a-t-il eu le sentiment que certains prenaient plus de place que d'autres ?
À la suite de cet échange, si vous l'y sentez prêt, vous pouvez lui proposer un second temps de méditation afin qu'il se rendre compte que l'expérience entre deux pratiques, même à quelques minutes d'écart seulement, peut avoir un goût très différent.

La méditation prend tout son sens dans la régularité : pour qu'elle puisse s'installer, elle doit devenir un rituel, une habitude. L'idéal est donc de prévoir une ou deux séances par semaine et, petit à petit, de méditer tous les jours si cela est possible.
Pour aller plus loin, n'hésitez pas à expérimenter les possibilités proposées dans ce livre, en vous appuyant sur les différentes méditations en fonction de vos souhaits ou de vos besoins, les points d'ancrage que constituent le corps, le souffle et l'environnement, ou encore les personnages.

Pour commencer, foutez-vous la paix !

La lecture du livre de Fabrice Midal, *Foutez-vous la paix ! et commencez à vivre*, a constitué un tournant dans la manière dont je transmets la méditation aux adolescents. Selon lui, se « foutre la paix » est le geste ultime de la méditation, radical et indispensable. Concrètement, il s'agit de s'accepter tel que l'on est, sans jugement, avec toutes les imperfections qui font notre singularité, et de s'accorder une véritable pause, sans concession.

Pour les jeunes, c'est une manière de couper à la racine toutes les pensées qui les enjoignent à la perfection et de retrouver leur liberté en acceptant de ne rien faire pendant quelques minutes, pour se contenter d'être eux-mêmes. Peu à peu, leur parole se libère ; en dédramatisant leur expérience, ils parviennent à mettre des mots sur elle, à évoquer leurs angoisses, les obstacles qu'ils rencontrent au quotidien. Grâce au groupe, ils prennent aussi conscience qu'ils ne sont pas seuls à éprouver ces difficultés.

J'arrive, confiant, pour une deuxième séance avec une classe qui s'est montrée particulièrement réceptive la première fois. Cette fois, pourtant, l'ambiance est pesante. Quand j'interroge les élèves sur ce qu'ils ont retenu, quelques doigts se lèvent, sans conviction. Lorsque je leur propose de pratiquer, j'entends des soupirs, des protestations. Ils ont la flemme, mal au dos, aux jambes… Un peu démuni, je me rappelle soudain que Fabrice nous a parlé quelques jours plus tôt de cette idée de « se foutre la paix ». Et si c'était la clé ? Si je leur proposais de méditer sans enjeu, sans aucun objectif, pas même de se détendre ? Simplement pour prendre un moment destiné à se laisser tranquille ? Ils acceptent en soupirant, et je les guide en leur indiquant l'attitude à adopter face à leurs douleurs, à leurs contrariétés.

À la fin de la méditation, ils sont ravis. La majorité témoigne avoir ressenti une profonde détente, et moi, je sens que je tiens quelque chose pour aborder autrement la méditation. Je cesse donc d'être trop directif et de leur imposer l'immobilité ou la posture : l'essentiel, c'est qu'ils vivent une séance où ils se laissent tranquille et n'ont pas de rôle à jouer.

MÉDITATION 1

Je me fous la paix

Pour pratiquer cette méditation, contentez-vous de **vous asseoir et de ne rien faire**. Surtout, ne vous fixez aucun objectif : dans la méditation, il n'y a aucun enjeu. Soyez simplement attentif à votre corps, à votre état, à l'instant présent, et accueillez-le inconditionnellement, sans pression ni jugement. Ne faites absolument rien, ne réagissez pas face aux pensées, aux douleurs, aux sensations : laissez-les venir, laissez-les exister sans vous en soucier.

Vous pouvez remarquer qu'en ne faisant rien, plein de choses se passent : vous entendez ma voix, les bruits extérieurs. Cela ne demande aucun effort, sans rien faire vous entendez.

Sentez votre respiration, mais n'essayez pas de la contrôler : elle se fait toute seule, sans votre intervention. L'air traverse votre corps à chaque inspiration et expiration.

Ressentez votre environnement tel qu'il est, sans porter de jugement sur lui. Ouvrez vos sens : en vous foutant la paix, vous découvrez toute l'ampleur du monde.

LE CORPS (MÉDITATIONS 2 À 5)

« L'esprit n'utilise pas le corps, mais se fait à travers lui[21]. »

Maurice Merleau-Ponty

Pour les adolescents, le rapport au corps est un enjeu essentiel, qui constitue le premier des piliers des méditations que je leur propose.

Durant l'enfance, le corps et l'esprit ne sont pas dissociés ; ils fonctionnent encore en harmonie, dans un rapport d'incarnation perceptible dès les premiers mouvements, quand l'enfant, qui habite naturellement son corps, commence à ramper. Observez des tout-petits qui s'assoient pour la première fois : leur corps est posé, dans une parfaite verticalité qui évoque une posture de yoga ou de méditation.

Petit à petit, cependant, le corps et l'esprit vont être amenés à se dissocier. Dès l'école primaire, l'image du corps commence à revêtir une certaine importance pour l'enfant, qui se forge un rapport à la norme : c'est l'âge des premières moqueries liées au physique. Un peu plus tard, à l'adolescence, dès l'entrée au collège, cette question devient centrale. Le corps se transforme, de manière si rapide qu'il est difficile de percevoir les changements et l'image que l'on renvoie au monde. L'esprit a du mal à suivre ce bouleversement permanent, il pense perdre la maîtrise d'un corps qui devient un objet de détestation.

On constate alors les premiers phénomènes d'instrumentalisation du corps, chez celles et ceux qui pratiquent un sport de haut niveau par exemple, où il n'est plus qu'un « outil » au service de

21. Maurice Merleau-Ponty, *Phénoménologie de la perception*, Gallimard, 1945.

la performance, que l'on peut (mal)traiter comme tel. C'est aussi l'âge où apparaissent les premiers troubles alimentaires. Avec cette « désynchronisation » de l'esprit et du corps, celui-ci devient synonyme d'angoisse plus que de plaisir. Il suffit d'interroger un adolescent sur l'image qu'il se fait de son corps : quelle que soit sa morphologie, il y trouvera toujours quelque chose à redire.

La première instruction de la méditation concerne précisément ce rapport au corps, à l'incarnation. Il s'agit de cette fameuse posture verticale, synonyme de dignité et de confiance ; de possibilité de trouver le courage d'assumer qui nous sommes.

Cependant, si elle est indispensable, il m'est vite apparu que pour les adolescents, elle est pratiquement impossible à imposer d'emblée – pis encore : pour la plupart d'entre eux, cela reviendrait à les mettre en situation d'échec, alors même que la méditation ne vise à aucune performance, bien au contraire.

J'ai donc élaboré une série de quatre méditations, comme autant d'étapes d'un cheminement visant à leur permettre d'accéder, dans la mesure de leurs possibilités, à cette verticalité, sans en faire un enjeu pour autant afin d'éviter l'effet pervers du rapport à la performance auquel ils sont sans cesse soumis. En somme, si avec les adultes, on propose d'entrée de jeu une posture de méditation, avec les adolescents, cette posture qui leur permettra de retrouver un sentiment de confiance très concret s'apprivoise au fil de la pratique, ce n'est pas un prérequis.

L'essentiel est de dédramatiser la posture cultivée dans la pratique méditative et de ne surtout pas en faire un enjeu de performance.

MÉDITATION 2

Approcher et sentir son corps

« Moi, je ne sens rien.
C'est comme si je n'avais pas de corps. »

Inutile de demander d'emblée à un adolescent de « sentir » sa présence corporelle. Pour lui – comme pour bien des adultes –, c'est une notion abstraite, très floue, qui ne signifie pas grand-chose et dont la compréhension nécessite un accompagnement.

Le premier temps de ces méditations corporelles consiste donc à **faire redécouvrir leur corps aux jeunes en leur indiquant des points d'ancrage très précis sur lesquels ils peuvent s'appuyer**. Elle vise à rendre aux adolescents la possibilité de se sentir incarnés, de redescendre leur centre de gravité de la tête vers le corps, de déposer leurs bagages et lâcher la pression.

En ressentant leur présence corporelle, ils défocalisent une partie de leur attention du flot de leurs pensées : cela leur permet de se poser, en classe ou à la maison, dans toutes les situations où l'agitation mentale est trop forte.

On peut effectuer cette méditation sur un coussin ou sur une chaise, comme je le fais avec les élèves pour rester dans la dynamique de la classe et leur permettre de reproduire l'expérience à la maison.

LES SIX POINTS D'ANCRAGE DU CORPS

1. Posez-vous entièrement sur votre chaise afin de ressentir tout le poids de votre corps.
2. Les jambes sont à angle droit, de façon à ce que la plante des pieds repose bien à plat sur le sol. Prenez le temps de sentir le contact entre vos pieds et le sol. Si vous méditez sur un coussin, les jambes sont simplement croisées devant vous sans que les genoux touchent le sol.
3. Apprivoisez votre verticalité en retrouvant la droiture naturelle de votre dos.
4. Vos mains sont simplement posées sur vos cuisses. Vous pouvez alors sentir la zone de chaleur qui se dégage du contact de vos mains sur vos cuisses.
5. Vos yeux sont ouverts ou fermés. Si vous gardez les yeux ouverts, ils sont mi-clos et posés à 1,50 ou 2 m devant vous, sans fixer quoi que ce soit en particulier.
6. La bouche est légèrement entrouverte, comme si vous alliez prononcer le son « A ». Cette légère ouverture permet de détendre les mâchoires, qui sont souvent crispées.

MÉDITATION 3

Réveiller son intelligence corporelle et apprendre à se poser

« Chaque fois que je médite,
c'est comme en cours :
j'ai envie de dormir.
D'ailleurs, parfois, je m'endors ! »

Pratiquer la méditation est une occasion précieuse d'écouter ce que notre corps nous dit, les nombreux messages qu'il nous adresse au quotidien – dans le cas des adolescents, le premier message qu'envoie le corps concerne la fatigue, qu'ils ressentent presque tous. C'est une manière parlante d'aborder avec eux la notion d'intelligence corporelle – et du manque de sommeil, central dans l'attention.

Pourquoi certains s'endorment-ils pendant les séances de méditation ? Que veut leur dire leur corps ? Quelle réponse y apporter ?

Qu'ils s'endorment pendant la séance peut bien sûr signifier qu'ils ne dorment tout simplement pas assez. Dans ce cas, la réponse est évidente : il faut se coucher plus tôt ! Mais cela peut aussi vouloir dire qu'ils sont si peu habitués à se poser que dès qu'ils s'arrêtent un instant, leur cerveau assimile cette pause au moment du coucher – autrement dit, le seul moment où ils ne sont pas dans le contrôle et s'accordent un répit. Comment y remédier ? Tout simplement en s'entraînant à faire des pauses : plus l'esprit saura identifier ces moments de repos où il n'y a rien à faire, mieux il les assimilera sans pour autant provoquer l'endormissement, et plus ils seront féconds.

Certains élèves rechignent à abandonner le contrôle lors des méditations de peur de s'endormir durant le cours qui suit la séance. Je leur explique qu'au contraire, ces mini-temps de pause, qui seront peut-être en effet suivis d'un bref moment de flottement, leur donneront l'énergie nécessaire pour être plus attentifs ensuite. J'encourage élèves et enseignants à les intégrer à leur quotidien.

LES TROIS ÉTAPES POUR ÉCOUTER SON CORPS

1. Reprenez les six points de la posture pour retrouver votre présence corporelle : sentez votre assise et le poids de votre corps sur la chaise, le contact entre vos pieds et le sol et la chaleur se dégageant du contact entre vos mains et vos cuisses.

2. Prenez le temps d'écouter votre corps tel qu'il est, là, maintenant. Vous êtes immobile et pourtant vous pouvez sentir que votre corps est vivant, en mouvement. Que ressentez-vous quand vous portez attention à votre présence corporelle ?

3. Sentir votre corps est le premier repère permettant de rester présent pendant la pratique. Dès que vous constatez que votre esprit est ailleurs, hors du présent, portez attention à un point de votre corps et dites-vous mentalement « Bonjour, mon corps » : il suffit de sentir son pied, son genou, son bas-ventre ou son bras pour être à nouveau en rapport avec le présent vivant.

MÉDITATION 4

Entrer en amitié avec son corps

« Mais monsieur, vous, comment vous faites pour méditer ? C'est horrible : moi quand je le fais, j'ai mal partout ! »

Nous entrons ici dans le vif de la question : comment aider les adolescents à accueillir tel qu'il est ce corps qu'ils rejettent souvent ?

En préalable à cette méditation, j'évoque avec la classe la relativité de la notion de beauté à travers les cultures et les époques. Pourquoi jugent-ils que telle personne est belle alors qu'elle ne répond pas aux canons de beauté habituels ? Tout simplement parce qu'elle assume ce qu'elle est.

Au cours de la méditation, je les invite à interroger leurs sensations, et notamment les douleurs, qui participent de l'image négative qu'ils se font de leur corps, puis à les accueillir au lieu de les juger.

LES TROIS ÉTAPES POUR ENTRER EN AMITIÉ AVEC SON CORPS

1. Reprenez les six points de la posture pour retrouver votre présence corporelle : prenez le temps de vraiment vous asseoir, d'être pleinement posé, de descendre le centre de gravité de votre attention de la tête vers l'assise. Ce geste n'est pas seulement physique : vous pouvez vous asseoir de tout votre être, avec vos émotions, votre état d'esprit, vos états d'âme. Asseyez-vous là, maintenant, tel que vous êtes.

2. Prenez le temps d'habiter votre corps tel qu'il est, là, maintenant. Notre corps est notre maison, notre bien le plus précieux. Nous l'oublions trop souvent, c'est pourquoi nous le maltraitons, nous le violentons et parfois nous l'empoisonnons. Pourtant, notre corps peut nous aider et nous devrions l'en remercier, l'encourager, nous réjouir de son existence et l'accueillir tel qu'il est, avec ses qualités et ce que nous considérons comme ses défauts.

3. Apprivoisez l'immobilité. L'immobilité signifie littéralement que l'on ne bouge pas pendant la pratique. Si nous ressentons une douleur, une envie de nous gratter, d'aller aux toilettes ou de boire un verre d'eau, on ne bouge pas : on accueille nos sensations et on garde l'immobilité.

Percevez-vous le changement ? Peut-être pouvez-vous dès maintenant percevoir qu'il est possible de ressentir ce qui se passe en vous de manière apaisée, sans jugement ni commentaires, sans bouger. Sentez comme il est bon d'être tout simplement, d'écouter votre corps et de l'accueillir malgré les tensions que vous pouvez éprouver.

MÉDITATION 5

Le chemin vers la posture

« C'est vrai ! En me tenant droit, je me sens plus fort. »

Au terme de ces trois méditations destinées à faire ressentir leur corps aux élèves, à l'écouter et à se réconcilier avec lui, nous pouvons aborder la question clé de la posture et la manière dont elle peut changer leur rapport à eux-mêmes et aux autres.

J'invite d'abord les élèves à s'observer dans tous les moments où la confiance n'est pas là : leur corps s'affaisse, ils gardent leur manteau, se cachent derrière leur sac... Puis je me prends en exemple : la perception qu'ils ont de moi changerait-elle si je ne me tenais pas droit ? Plus on se tient droit, plus on gagne en confiance et on l'inspire aux autres.

Très concrètement, ce langage corporel influe sur l'image que les autres se font de nous et sur celle que nous nous faisons de nous-mêmes. Ainsi, dans les moments difficiles, il est important d'essayer de retrouver cette verticalité, qui influence notre état d'esprit et nos prises de décisions.

L'objectif de cette quatrième méditation est de montrer aux adolescents qu'ils possèdent cette ressource en eux, quelle que soit leur histoire de vie. Que se tenir droit, tout simplement, permet de ressentir très directement une forme de dignité, de gagner en courage, en solidité, en confiance, d'assumer entièrement qui nous sommes.

Mais pour ce faire, pour s'exposer de la sorte, il est nécessaire d'assumer son corps tel qu'il est, c'est pourquoi les étapes précédentes sont un préalable indispensable. Au lieu, comme je le ferais avec un adulte, d'indiquer d'emblée une posture à adopter, je leur propose un cheminement en douceur, qui les mène à adopter cette posture pour le sens qu'elle recouvre, tout en conservant un cadre souple, sans pression ni culpabilisation.

Au fil des séances, je vois ainsi certains jeunes se redresser littéralement et gagner une immobilité qui semblait inenvisageable au départ. Cela paraît simple, mais en réalité, ne pas bouger pendant quelques minutes, alors que l'on ressent des douleurs, l'envie de se gratter ou de gigoter sur son siège, est une expérience inédite. Cette immobilité est pourtant un point essentiel de la méditation, car elle apprend à assumer le fait que la vie n'est pas toujours confortable. Contrairement à certaines idées reçues, la méditation n'est pas destinée à nous créer une « bulle » de bien-être ; elle n'est pas coupée de la vie quotidienne : dès lors, devrait-elle être confortable ?

LES TROIS ÉTAPES VERS LA VERTICALITÉ

1. Reprenez les six points de la posture pour retrouver votre présence corporelle et vous tenir immobile.
2. Sentez la verticalité, cette droiture naturelle, en adoptant une posture ni trop rigide, ni trop détendue. Avec la plus grande douceur, prenez le temps de chercher cette verticalité, en bougeant légèrement de droite à gauche, d'avant en arrière. La tête est dans l'axe de la colonne vertébrale, c'est le prolongement de notre verticalité ; vous pouvez imaginer qu'elle est suspendue à un fil qui partirait du sommet de votre crâne et la relierait au ciel. On ne cherche pas à se redresser, on est hissé par le sommet du crâne, entièrement tenu par ce seul point, sans que cela nécessite un effort. Votre menton est légèrement rentré, comme s'il retenait une petite balle, de façon à maintenir votre nuque dans l'axe.
3. Sentez-vous solide et ouvert à la fois. Sentez-vous la solidité, la force et la confiance que vous donne la verticalité pour accueillir ce qui vient ? L'avant de votre corps – la poitrine et le ventre – se relâche alors tout naturellement, car nous n'avons plus besoin de nous défendre du présent.

Cette posture vous permet d'éprouver votre dignité, d'assumer entièrement votre être ; vous vous sentez alors capable d'accueillir la réalité telle qu'elle est.

SYNTHÈSE

Retrouver peu à peu le sens de sa droiture naturelle, c'est se sentir plus assuré, retrouver un sens de solidité pour assumer qui l'on est. Avec les adultes, la posture verticale et l'immobilité sont les premières étapes de la méditation. Avec les adolescents, mieux vaut les voir comme un horizon et non un prérequis.

Pour l'atteindre, on passe par quatre étapes, quatre méditations de quelques minutes permettant :

- De sentir son corps en indiquant des points d'ancrage.
- De réveiller son intelligence corporelle en écoutant les messages que le corps nous envoie.
- D'entrer en amitié avec son corps en cessant de le juger.
- De retrouver sa verticalité en assumant qui l'on est.

On peut faire ces méditations chez soi, pour se recentrer, quand on se sent particulièrement agité, assailli de pensées qui nous empêchent d'être là, ou encore avant un enjeu important facteur de stress et d'anxiété, un examen ou un entretien, par exemple.

LE SOUFFLE (MÉDITATIONS 6 À 8)

« Respirer [...] Échange pur
et qui jamais ne cesse entre notre être
propre et les espaces du monde[22]. »

Rainer Maria Rilke

Deuxième pilier de la méditation, le souffle est un ancrage fondamental où les adolescents peuvent trouver une ressource pour les aider au quotidien.

Là encore, plusieurs étapes sont nécessaires, car le rapport à la respiration est moins simple qu'il n'y paraît et pour les jeunes – comme d'ailleurs, une fois encore, pour la plupart des adultes – « sentir » sa respiration n'a rien d'habituel.

Rappelons au préalable que le corps, le souffle et l'environnement sont intimement liés ; ils constituent une unité de notre être. Mieux nous parvenons à apprivoiser notre corps, mieux nous parviendrons à gagner l'immobilité, à ne pas bouger durant les séances de méditation, et mieux nous pourrons alors ressentir notre souffle.

Comme on l'a vu, pour la plupart des adolescents, rester immobile est un véritable défi. Dès lors qu'ils y parviennent, ils peuvent faire l'expérience directe de sentir l'inspiration et l'expiration.

Mon corps est immobile, je ne fais rien, alors je peux sentir mon souffle me traverser.

Pour eux, c'est une expérience d'autant plus forte qu'elle est inédite. Car progressivement, ils comprennent que la respiration n'est rien d'autre que la manifestation de la vie qui est en eux, qui les traverse physiquement.

22. Rainer Maria Rilke, *Sonnets à Orphée*, Orizons, 2011.

Éprouver sa respiration permet de ressentir que l'on est vivant, de manière très concrète, sans avoir besoin pour autant de vivre l'une de ces expériences intenses dont les adolescents considèrent souvent qu'elles donnent du sens à leur vie, et que sans elles, l'existence n'a plus d'intérêt. En respirant, ils découvrent soudain qu'il y a en eux quelque chose d'à la fois très simple et très vivant, qui n'a pas besoin d'être intense pour leur faire sentir qu'ils sont présents, qu'ils existent. Dans les moments de découragement où l'on a le sentiment que la vie n'a plus de sens, ce « souffle vital » est une ressource très précieuse.

Souffle et attention

Le travail sur le souffle permet de mettre l'accent sur un point essentiel de la méditation : l'attention. Les enseignants et les élèves pensent souvent que la pratique de la méditation va permettre à ces derniers de se montrer plus « concentrés » en classe. C'est en partie vrai, mais la méditation développe une forme d'attention particulière que l'on appelle l'« *open focus* » en anglais : une attention ouverte, flottante, qui ne nous « tend » pas vers un objet en particulier, à l'image d'une tension musculaire mobilisant tous nos efforts, mais qui au contraire reste libre et diffuse, ouverte à toutes les perceptions. Aujourd'hui, nous sommes à l'inverse des spécialistes de l'attention « fermée » (focalisation) à l'image du lion, exemple donné par le psychologue américain Les Fehmi dans son livre *La Pleine Conscience*[23]. Lorsqu'il va chasser, l'attention du lion se focalise entièrement sur la gazelle ; tout son paysage disparaît pour se réduire à la cible qu'il poursuit. Cette concentration extrême, hyper focalisée, où sa pression artérielle et sa tension sont au maximum, demande au prédateur une telle énergie qu'il s'endort plusieurs heures aussitôt après avoir terminé son repas.

23. Les Fehmi, *La Pleine Conscience*, Pocket, 2011.

Il en va de même pour les élèves dont l'école – mais aussi les loisirs, à travers les écrans – exige d'eux une concentration permanente qui les épuise.
La méditation, au contraire, va leur apporter une souplesse d'attention, une capacité à se montrer attentif à tout ce qui se passe autour d'eux et à s'appuyer sur une multitude de repères pour rester présents.
Ce n'est d'ailleurs pas un hasard si les élèves qui réussissent le mieux à l'école ne sont pas les plus focalisés, mais plutôt ceux qui disposent d'une capacité d'ouverture leur permettant de percevoir et de comprendre le tableau d'ensemble plutôt que les détails qui, pris isolément, n'ont pas grand sens.
Dans la méditation, l'attention portée sur le souffle, précisément, ne doit mobiliser qu'une part de notre attention, le reste se répartissant entre le corps, la verticalité et l'environnement... Il ne s'agit pas de se focaliser sur lui, bien au contraire, mais de se mettre à l'écoute de la situation dans son ensemble.
« Lorsque vous dites à quelqu'un de maintenir un haut niveau de concentration, de se concentrer à 100 % et de ne faire aucune erreur, cette personne devient stupide et elle est appelée à faire plus d'erreurs tellement elle est concentrée sur ce qu'elle fait. Il n'y a pas d'intervalle. Il n'y a pas d'espace pour s'ouvrir, pas de place pour communiquer avec le jeu de va-et-vient de la présence[24]. »
Ainsi, plus les élèves expérimentent la pratique de la méditation, plus ils seront capables de cultiver cette forme d'attention large et ouverte leur permettant de percevoir plusieurs choses en même temps – le corps, le souffle, puis l'environnement.

La méditation permet de réapprendre une autre forme d'attention que celle de la focale qui fait disparaître l'environnement au profit de la seule cible de la concentration, de redonner tous ses droits à l'environnement qui, dans une classe, crée des conditions favorables à l'apprentissage.

24. Chögyam Trungpa, *Le chemin est le but*, Points, 2007.

MÉDITATION 6

Le souffle comme ancre

« Depuis que je médite, le souffle m'aide beaucoup au quotidien, dans tous les moments difficiles, j'y reviens tout le temps : merci la méditation ! »

Il s'agit dans un premier temps de faire ressentir leur respiration aux adolescents, de leur montrer que le souffle est toujours présent en eux, et que dans la méditation, il constitue un point de repère pour poser son attention. Nous pouvons nous appuyer sur lui pour revenir au moment présent lorsque nous sommes perdus dans nos pensées ou que nous commençons à ressentir une forme de torpeur, comme l'endormissement, par exemple.

Dès lors que nous posons notre attention sur le souffle, nous sommes présents.

À tout instant, dans la journée, chaque fois que nous nous sentons désynchronisés, perdus, angoissés, stressés, pris par un tourbillon de pensées, nous pouvons nous appuyer sur le pilier du souffle pour revenir à la réalité. En quelques secondes, cela permet de se synchroniser et de revenir au présent, là où on se trouve.

LES TROIS ÉTAPES POUR S'ANCRER DANS LE PRÉSENT

1. Reprenez les six points de la posture pour retrouver votre présence corporelle et vous tenir immobile.
2. Portez votre attention sur des points précis de votre anatomie par où circule le souffle : les poumons, puis le ventre, la poitrine et enfin les narines.
3. Appuyez-vous sur le mouvement de la respiration comme un point d'ancrage pour revenir au présent.

MÉDITATION 7

Le souffle comme miroir de notre esprit

« Quand je porte attention à mon souffle, je panique et j'ai l'impression que je ne sais plus respirer. »

Cette courte méditation relative à l'intelligence corporelle est destinée à pousser plus loin l'expérience en essayant de vous faire sentir « l'état » de votre souffle à un instant donné, et la manière dont il reflète votre état d'esprit.

Le rythme de notre respiration dit quelque chose de nous, de ce que nous ressentons : si on est en colère, le souffle est haletant ; il se fait plus court quand on est exalté, hoquetant quand on est triste, lent quand on est apaisé, etc. Encore une fois, il ne s'agit pas de porter un jugement sur son souffle, mais simplement de lui donner du sens.

LES TROIS ÉTAPES POUR DONNER DU SENS À SON SOUFFLE

1. Reprenez les six points de la posture pour retrouver votre présence corporelle et vous tenir immobile.
2. Portez votre attention sur des points précis de votre anatomie par où circule le souffle : les poumons, puis le ventre, la poitrine et enfin les narines.
3. Essayez de ressentir le rythme de votre respiration sans le juger, en se contentant de l'écouter et de l'accueillir comme il est à cet instant.

Le souffle est un reflet de notre état d'esprit à un moment donné. Il est possible de lui donner du sens sans le juger.

MÉDITATION 8

Un point de repère en mouvement

« C'est ouf de sentir que
notre respiration se fait toute seule !
Ça fait un peu peur au début,
mais c'est un soulagement après. »

Cette méditation a pour but de montrer que le souffle est un ancrage un peu particulier parce qu'il est en mouvement : il bouge constamment.

Un point de repère qui n'est pas figé, cela peut sembler un peu déstabilisant de prime abord. C'est pourquoi, au début, lorsque nous portons attention à notre souffle, nous avons naturellement tendance à essayer de le saisir, à l'intensifier, à vouloir le maîtriser en allongeant inspirations et expirations…

Cette méditation permet, à travers l'expérience du souffle, de travailler très concrètement notre manière « automatique » de vouloir toujours tout contrôler. Il s'agit ici justement de ressentir que le souffle se fait *tout seul* en nous, sans qu'il soit nécessaire d'agir sur lui. Nous n'avons guère besoin de le maîtriser : pour le ressentir pleinement, il suffit au contraire d'essayer de le laisser vivre tel qu'il est. Pour les élèves, cette découverte constitue bien souvent un vrai soulagement, lorsqu'ils constatent que quelque chose s'apaise en eux. Beaucoup refont alors le lien avec le corps en témoignant du fait que lorsqu'ils laissent leur souffle être, c'est tout leur corps qui se détend, qui s'alourdit – sentir le poids de son corps est le signe d'une détente.

LES QUATRE ÉTAPES POUR ACCUEILLIR LE MOUVEMENT

1. Reprenez les six points de la posture pour retrouver votre présence corporelle et vous tenir immobile.
2. Portez votre attention sur des points précis de votre anatomie par où circule le souffle : les poumons, puis le ventre, la poitrine et enfin les narines.
3. Laissez vivre votre souffle tel qu'il est, sans chercher à le maîtriser ni intervenir, en vous contentant de ressentir son mouvement en vous, qui est celui de la vie.
4. On ne modifie pas le souffle ; il ne s'agit pas d'un exercice respiratoire. On essaie plutôt de sentir comment il est et de s'accorder à lui, à la manière qu'il a d'entrer et de sortir. C'est un geste d'une grande douceur, d'une grande bienveillance car quel que soit le rythme de notre souffle, on s'y accorde sans vouloir le changer, on accueille simplement la vie qui est en nous.

Faire corps avec son souffle et découvrir qu'on peut faire vivre quelque chose en nous sans essayer de le contrôler. De la même façon qu'on ne porte pas de jugement sur ses émotions, on laisse vivre le souffle, sans intervenir.

L'ENVIRONNEMENT (MÉDITATIONS 9 ET 10)

« Inutile de quitter votre chambre.
Restez assis à votre bureau et écoutez.
Ou plutôt, n'écoutez pas :
contentez-vous d'attendre.
Ou même, n'attendez pas :
restez seul et immobile.
Alors, le monde viendra à vous,
prêt à être démasqué[25]. »

Franz Kafka

25. Franz Kafka, *Les Aphorismes de Zürau*, Gallimard, 2010.

MÉDITATION 9

L'ouverture aux sensations et à l'environnement

« Je n'avais jamais pensé que je respirais le même air que les autres. C'est fun ! »

L'enjeu de ce dernier point d'ancrage est de faire découvrir aux adolescents – et aux autres – que l'être humain n'est pas enfermé sur lui-même, qu'il n'est pas un individu séparé de ses semblables et du monde.

Pour cela, dans une première méditation faisant transition avec les précédentes, je m'appuie sur le souffle en tant que mouvement d'ouverture au monde. La respiration nous révèle en effet le mouvement qui est en nous, mais aussi le fait que nous sommes en rapport direct avec l'extérieur. Quand nous inspirons, l'air entre en nous, et quand nous expirons, nous nous ouvrons à l'environnement : l'expiration est en contact direct avec la pièce et donc avec les autres, tout simplement parce que nous respirons le même air… Le simple fait de respirer nous fait prendre conscience que nous partageons une chose aussi intime que la vie en nous, que nous sommes reliés.

En classe, j'invite les élèves à porter une attention plus soutenue au moment de l'expiration, à suivre le trajet de l'air qui sort de leur bouche ou de leurs narines et qui les ouvre à leur environnement.

À chaque expiration, le repli sur soi se dissout dans l'espace, on s'ouvre pour faire corps avec les autres et le monde. On s'abandonne, et on se confie un peu plus au présent, à cet environnement que nous partageons avec le groupe, renforçant son unité.

Je remarque d'ailleurs bien souvent qu'au sortir de ce genre de séance, l'atmosphère générale a changé. Apaisés, les élèves s'accordent un temps de silence et s'expriment de façon bien plus respectueuse à l'égard de leurs pairs qu'en entrant dans la salle.

LES CINQ ÉTAPES POUR ACCUEILLIR LE MOUVEMENT

1. Reprenez les six points de la posture pour retrouver votre présence corporelle et vous tenir immobile.
2. Portez votre attention sur des points précis de votre anatomie par où circule le souffle : les poumons, puis le ventre, la poitrine et enfin les narines.
3. Ressentez que votre attention est comme une porte battante entre l'intérieur et l'extérieur, qui dissout la frontière entre dedans et dehors.
4. Inspirez, puis portez une attention plus soutenue au moment de l'expiration : l'air qui sort de votre bouche ou de vos narines rejoint celui que respirent les autres et se dissout en lui.
5. L'inspiration se fait toute seule et on peut accompagner l'expiration qui se dissout dans l'espace, on s'abandonne.

Le souffle est un mouvement de vie en nous qui nous fait prendre conscience de notre ouverture naturelle, nous sommes directement reliés aux autres, nous partageons le même air.

MÉDITATION 10

L'éveil des sens

« C'est bon de ressentir le monde ! »

L'enjeu, ici, est de s'appuyer sur la méditation pour nous extraire de l'impression de claustrophobie que nous pouvons ressentir à trop nous focaliser sur notre esprit. Dans certaines situations, au lieu de nous aider à résoudre nos problèmes, penser nous donne le sentiment que nous sommes totalement enfermés en nous-mêmes et nous épuise. Le travail de la méditation consiste à ouvrir les portes des perceptions pour nous permettre de « sortir » de notre tête et revenir au présent.

Un élève m'a ainsi rapporté, après une séance, avoir remarqué le bruit de la pendule, qu'il n'avait jamais entendu jusque-là. Au début, le tic-tac de l'aiguille des secondes l'a dérangé, puis il s'est appuyé sur ce son léger pour rester dans le présent au moment où il sentait qu'il s'en éloignait.

LES QUATRE ÉTAPES POUR ÉVEILLER SES SENS

1. Reprenez les six points de la posture pour retrouver votre présence corporelle et vous tenir immobile.

2. Portez votre attention sur des points précis de votre anatomie par où circule le souffle : les poumons, puis le ventre, la poitrine et enfin les narines.

3. Prêtez attention à votre souffle : même si vous ne faites rien, vous remarquerez que le monde bruisse autour de vous. Vous pouvez entendre des voix, des pas, le chant des oiseaux ou le murmure du vent. Portez attention à tous les bruits extérieurs, sans faire aucun effort, en ouvrant simplement l'ouïe.

4. Éprouvez d'autres sensations :

   - Ressentez la température de la pièce par tous les pores de votre peau, sans la juger, toujours sans faire le moindre effort. Il fait trop chaud, trop froid ? Contentez-vous d'accueillir la température sans la juger. Sentez comme elle devient alors plus acceptable.

   - Ressentez le contact des vêtements sur votre peau, la présence des autres si vous méditez en groupe, regardez les couleurs si vous avez les yeux ouverts.

Les sensations et les perceptions aident à s'ancrer dans le moment présent en nous ouvrant entièrement à l'environnement pour dissoudre peu à peu la frontière entre l'intérieur et l'extérieur. À chacun de s'appuyer sur le pilier – corps, souffle ou environnement – qui l'aidera à y rester ou à y revenir lorsque son esprit s'en éloigne.

Pour aller plus loin…

« Laissez chaque impression et chaque germe de sensibilité s'accomplir en vous, dans l'obscurité, dans l'indicible, l'inconscient, là où l'intelligence proprement dite n'atteint pas et laissez-les attendre, avec une humilité et une patience profondes, l'heure d'accoucher d'une nouvelle clarté[26]*. »*

Rainer Maria Rilke

26. Rainer Maria Rilke, *Lettres à un jeune poète*, Gallimard, 2006.

MÉDITATION 11

Apprivoiser ses émotions

« Quand je médite je ressens très fort mes émotions ; au début, ça me faisait peur, maintenant, je sais que ça va passer. »

L'horizon de la méditation n'est pas de nous apprendre à « gérer » nos émotions, mais à transformer notre rapport à elles. Ainsi, malgré l'intensité qui les caractérise, la méditation considère les émotions, au même titre que les pensées, comme des « événements mentaux ». Pour Chögyam Trungpa « les émotions sont des pensées plus colorées ».

Considérant cela, nous pouvons nous libérer du rapport que nous avons habituellement à nos émotions. Souvent nous y adhérons totalement, fascinés par elles, et nous oscillons alors entre la résistance quand elles sont désagréables et l'identification quand elles sont plaisantes.

En méditant, nous pouvons ressentir à quel point l'émotion n'est pas séparée de nous et pourtant, nous n'avons pas besoin de nous identifier entièrement à elle. Les émotions vont et viennent. Lorsque nous pratiquons et qu'une émotion arrive, il ne se passe rien de spécial : on n'en fait pas toute une histoire. Les émotions sont des phénomènes mentaux comme les autres. **On ne juge pas l'émotion qui nous traverse pour mieux l'accueillir. On la touche, en la sentant corporellement, et on la lâche.**

LES QUATRE ÉTAPES POUR APPRIVOISER SES ÉMOTIONS

1. Reprenez les six points de la posture pour retrouver votre présence corporelle et vous tenir immobile.
2. Portez votre attention sur des points précis de votre anatomie par où circule le souffle : les poumons, puis le ventre, la poitrine et enfin les narines.
3. Lorsqu'une pensée ou une émotion survient, contentez-vous de la toucher corporellement, puis de la lâcher sans la juger. Goûtez ainsi pleinement les pensées et les émotions qui vous traversent, sans vous y attacher, en les laissant finir librement leur mouvement.
4. Si une émotion ou une pensée est trop intense, revenez à votre présence corporelle, à la solidité de votre posture.

MÉDITATION 12

S'accepter tel que l'on est : rentrer à la maison

« Je n'ai jamais trouvé d'endroit où je me suis senti vraiment en sécurité. »

Nous sommes partagés entre une multitude de rôles sociaux : nous ne sommes pas les mêmes avec nos amis qu'avec nos parents par exemple, à la maison ou au travail. Ce qui donne parfois l'impression d'être éparpillé, loin de nous-mêmes, dans un rapport artificiel avec le monde.

Méditer nous apprend à « rentrer à la maison » et à accueillir tout ce que l'on est : on se rassemble pour retrouver une forme d'unité d'être.

Notre maison peut être un endroit qui n'est pas toujours confortable, pas entièrement parfait. Et cependant, nous ressentons un profond soulagement lorsque nous y sommes. Ce soulagement vient du fait de sentir qu'il existe un lieu où nous pouvons simplement nous poser tels que nous sommes. Nous cessons alors de nous poser toutes ces questions autour de l'image de soi ou de celle que l'on renvoie aux autres. On peut poser tous ses bagages, ses soucis, l'inquiétude et ce besoin d'être toujours rassuré.

LES QUATRE ÉTAPES POUR RENTRER À LA MAISON

1. Reprenez les six points de la posture pour retrouver votre présence corporelle et vous tenir immobile.
2. Vous pouvez prendre le temps de rester en présence de votre corps pour l'habiter pleinement. Votre corps est votre maison, vous pouvez vous y reposer. Libérez-vous du poids de vos bagages, laissez peu à peu tomber toutes vos difficultés du moment, tous vos problèmes.
3. Dans votre maison, vous pouvez vous « foutre la paix » et sentir comme c'est simplement bon d'être là, comme vous êtes : il n'y a rien à changer.
4. Sentez comme votre maison est accueillante, chaleureuse, douce, elle vous dit un grand OUI et vous sécurise.

4
GUIDE PRATIQUE

Ce petit guide reprend des interrogations que j'ai eu l'occasion d'entendre lors de mes interventions dans des classes. Certaines questions portent sur la méditation elle-même, d'autres sur des difficultés particulières que rencontrent fréquemment les élèves et auxquelles la pratique méditative peut apporter des réponses simples.

Avant toute chose, il s'agit de rappeler que ces questionnements sont largement partagés, par les jeunes comme par les adultes, et qu'il n'y a pas lieu de s'en sentir coupable. La méditation n'est pas là pour éliminer les problèmes ou rendre la vie plus facile, plus confortable, mais d'abord pour dédramatiser ce qui nous apparaît parfois comme des obstacles insurmontables et les accueillir tels qu'ils se présentent – pour mieux s'accepter soi-même, avec ses qualités et ses imperfections, et accueillir la vie comme elle vient, sans pression ni jugement.

À chacun, maintenant, d'y piocher les réponses qui lui correspondent le mieux !

Méditer

> « Quand je médite, je n'arrive pas à voir la différence entre les moments où je suis là et ceux où je ne suis pas là. »

C'est normal ! Dans notre quotidien, nous ne sommes pas habitués à voir la distinction entre les moments où nous sommes là, présents, et les moments où nous sommes ailleurs. Tout simplement parce qu'en général, nous avons l'impression d'être dans le présent quand bien même nous sommes pris par nos pensées.

La méditation est précisément là pour t'aider à voir de plus en plus clairement ce contraste entre présence et absence, puis à revenir au présent dans ce dernier cas. Comment ?

➡ La prochaine fois que tu méditeras, essaie de **repérer les moments où tu penses à autre chose :** ce sont ceux où tu n'es plus là. Quand tu en prends conscience, **appuie-toi sur l'un des piliers de la méditation** – ton corps, ta respiration ou ton environnement. Cela te permettra de revenir au présent. Tu sens le contact de tes mains sur tes cuisses ? De tes pieds posés sur le sol ? Tu ressens le mouvement de ta respiration ? Tu entends les bruits autour de toi ? Alors tu es présent.

➡ Plus tu méditeras, plus tu seras capable de percevoir ce contraste entre les moments où « tu y es » et ceux où « tu n'y es pas » dans ta vie quotidienne. À toi de voir alors lequel des trois piliers de la méditation t'aidera le mieux, dans un premier temps, à te relier au présent, puis n'hésite pas à expérimenter les autres.

➡ Pour t'entraîner à voir plus clairement le contraste, tu peux te laisser guider par la méditation n° 11 de l'application.

« Pendant la pratique, je bouge tout le temps : je n'arrive pas à rester immobile. »

Là encore, c'est normal ! Dans la vie, on bouge : rester parfaitement immobile pendant plusieurs minutes n'a rien d'habituel.

« *La méditation ne consiste pas seulement à prendre la posture assise. Il s'agit de faire une pause en étant présent. C'est tout. Le plus souvent, nous passons notre temps à courir dans tous les sens. Êtes-vous capable d'arrêter cette course, même pour un seul instant ?*[27] »

Jon Kabat-Zinn

➡ Si tu ressens l'envie de bouger pendant la méditation, inutile de te mettre la pression. **Contente-toi d'accueillir ce mouvement, sans chercher à lutter contre lui.** Tu constateras que peu à peu, paradoxalement, en laissant la place au mouvement au lieu de le rejeter, l'immobilité viendra d'elle-même.

➡ Plus tu apprivoiseras ta capacité à rester immobile, en te contentant d'accueillir ton envie de bouger au lieu d'y obéir, plus tu cultiveras ta solidité et ton courage. C'est une manière directe et paisible à la fois d'échapper à l'emprise du divertissement, de poser notre esprit pour accéder au présent.

➡ Au début, ce sera sans doute un peu difficile, mais tu pourras ensuite constater que grâce à l'immobilité, un espace se crée où il est possible de vraiment se poser, d'accéder à la détente au sens profond.

➡ Toutes les méditations sur le corps (pistes 2 à 5) pourront t'aider à gagner l'immobilité.

---

27. Jon Kabat-Zinn, *Où tu vas, tu es*, J'ai lu, 2005.

« Je préfère garder les yeux ouverts plutôt que fermés en méditant. »

Dans les classes où j'interviens, je propose aux élèves de méditer les yeux fermés pour leur éviter de se laisser distraire, et pour qu'ils aient moins peur du jugement des autres. Mais c'est une exception : **dans la méditation telle qu'elle est habituellement enseignée, on médite les yeux ouverts.**

➡ Je t'encourage à en faire l'expérience : assieds-toi sur un coussin ou sur une chaise, le dos bien droit, les mains posées sur les cuisses. Ouvre les yeux, et au lieu de regarder droit devant toi, pose plutôt ton regard sur un point au sol à environ 1 m 50 ou 2 m, pour éviter d'être distrait. Tu verras que c'est une expérience très différente de la méditation les yeux fermés. Pourquoi ? Parce que **la méditation n'est pas un repli sur soi, mais au contraire une ouverture au monde :** tous les sens doivent être ouverts.

➡ Tu peux te référer à la méditation n° 2 sur la posture ou à la n° 10 sur l'éveil des sens.

« Je médite, mais j'ai l'impression que ça ne sert à rien. »

À vrai dire, tu n'as pas tort. En effet, fondamentalement, la méditation ne sert… « à rien » ! Mais paradoxalement, c'est justement là que réside tout son intérêt. **Nous vivons dans une société où la moindre action est censée être utile, où l'on se met la pression pour rentabiliser chaque instant.** En réalité, c'est un terrible facteur de stress pour tout le monde. Nous désirons à tout prix que tout soit efficace, dans l'espoir d'obtenir un résultat rapide et tangible pour augmenter notre productivité. Nous avons ainsi un rapport instrumental à nous-mêmes ce qui est précisément une source de mal-être (dépression, burn out…).

➡ Comment faire baisser cette pression ? Tout simplement en apprenant peu à peu à lâcher ses objectifs qui réduisent le champ des possibles : quand tu médites, tu ne dois rien attendre de particulier. Et surtout, tu ne dois pas chercher à tout maîtriser, mais au contraire laisser le mouvement de la vie te montrer d'autres possibles. La méditation nous invite, l'espace de quelques minutes, à abandonner cette obsession de la rentabilité. La vie devient alors une aventure totalement gratuite, ouverte et exaltante, et nous permet de relever des défis que jamais nous n'aurions imaginé être capables de réaliser.

➡ **Quand tu médites, ne te fixe aucun objectif :** si tu te focalises sur l'idée que tu ***dois*** diminuer ton stress, tu obtiendras l'effet inverse. Médite au contraire gratuitement, sans y chercher la moindre utilité. Tu découvriras de manière très concrète que lâcher la pression et ne pas attendre de résultat à tes actions te fera goûter une détente profonde : quel soulagement de pratiquer une activité où il n'y a rien à réussir !

➡ Pour t'y aider, tu peux pratiquer régulièrement la méditation n° 1 « Foutez-vous la paix ! ».

« Quand je médite en groupe, j'ai envie de regarder les autres et de rigoler, c'est plus fort que moi. »

Là non plus, rien d'anormal ! Dans la tradition de la méditation, on dit que nous avons tous en nous un « petit singe » : un personnage (symbolique) qui ne supporte pas l'inaction et nous divertit constamment. Normal qu'il fasse tout pour t'empêcher de méditer ! L'objectif n'est pas de l'éliminer – c'est impossible et ce n'est pas souhaitable –, mais de l'apprivoiser, de lui faire comprendre qu'il y a certains moments où il n'a pas sa place. De l'inviter à se poser quelques minutes.

➡ *Dès lors qu'il se présente, essaie de ressentir ton corps, ton souffle ou ton environnement et de revenir au présent. Au début, ce n'est pas facile, mais à force de pratiquer, tu constateras qu'il sera de plus en plus simple de ne pas te laisser distraire par ses « singeries ».*

➡ *Quand tu sens que tu es particulièrement distrait, tu peux t'entraîner avec la méditation n° 11, « toucher-lâcher ».*

« Je n'arrive pas à sentir mon corps et mon souffle en méditant. »

Il est vrai que paradoxalement, alors que cela devrait sembler tout naturel, nous ne sommes pas habitués à « sentir » notre corps et notre souffle. Il est donc normal de ne rien sentir les premières fois que nous méditons.

➡ En attendant, je te propose, la prochaine fois que tu méditeras, de t'appuyer sur le troisième pilier : ton **environnement.** Essaie de percevoir les bruits autour de toi : les oiseaux, si tu médites près d'un jardin, le bruit de l'eau d'une fontaine, de la pluie, du vent, des pas dans la maison... Tu peux aussi sentir la température de la pièce ou encore percevoir des couleurs ou des formes si tu as les yeux ouverts. Cela te permettra de revenir au présent.

➡ Tu pourras en parallèle méditer en te laissant guider par les pistes n° 2 à n° 9, qui t'accompagneront pour apprivoiser ton corps et ton souffle.

« Je n'ai pas réussi à méditer, car j'ai plein de pensées. »

Décidément, la méditation est pleine de paradoxes : au contraire de ce que tu crois, c'est justement *parce que tu as médité* que tu as pu te rendre compte que tu avais toutes ces pensées !

L'une des idées reçues concernant la méditation est qu'elle permet de « faire le vide » dans sa tête, d'éliminer les pensées. **C'est faux !** Et surtout, c'est impossible : les êtres humains ont forcément des pensées. Méditer, ce n'est pas lutter contre ses pensées, mais au contraire leur laisser de la place. Le premier pas sur le chemin de la méditation consiste à voir de plus en clairement l'existence de ce flot de pensées qui vont et viennent sans cesse dans notre esprit – ce que l'on appelle traditionnellement « voir la cascade ».

Le deuxième pas consiste à ne pas suivre ces pensées en les alimentant par des remarques, des jugements. Tu découvriras alors le caractère « non solide » de nos pensées qui viennent et repartent aussi vite qu'elles sont venues. Pour ce faire, il suffit de te mettre à l'écoute de ton corps, de ta respiration ou de ton environnement : alors, les pensées s'écouleront d'elles-mêmes.

Donc bravo, tu es bel et bien sur la voie de la méditation !

« Tout méditant rencontre deux obstacles : l'agitation (l'esprit est trop tendu) et la torpeur (l'esprit est trop relâché). Au lieu de rester présent en lui-même, l'esprit s'absente ou se trouble. Il devient vague, pouvant même glisser vers une forme de léthargie et c'est la torpeur. Ou encore, il ne tient pas en place et ne reste pas posé sur le souffle et c'est l'agitation[28]. »

Fabrice Midal

28. Fabrice Midal, *La Méditation*, Que sais-je, 2017.

➡ Pour poursuivre ton apprentissage, tu pourras écouter toutes les pistes de l'application, qui t'aideront à cultiver ta capacité à retrouver ces trois piliers quand tu seras traversé par des pensées.

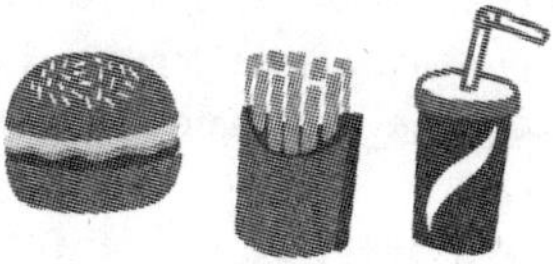

« Je n'arriverai jamais à méditer, car je ne supporte pas le silence et de ne rien faire. »

C'est le cœur du travail de la méditation, qui consiste à apprivoiser le silence et s'apercevoir que ne rien faire peut apporter un soulagement.

➡ Face à un moment de silence, tu peux, dans un premier temps, éprouver un moment de panique : ne réagis pas, contente-toi de laisser être ces pensées et ramène ton attention sur ton corps ou sur ta respiration pour te poser.

➡ Tu constateras alors que ce moment de panique est très fugace. Ensuite, quand le silence commencera à s'installer, écoute ton environnement : tu t'apercevras que ce silence n'est pas vide, bien au contraire. Il est empli de mille petits bruits, de détails que tu n'avais sans doute pas perçus jusque-là.

➡ Généralement, on a peur du silence parce qu'on a l'impression qu'il est synonyme de néant. La méditation te permet de découvrir qu'en réalité, le silence est plein de vie, et qu'il n'est pas nécessaire de vouloir à tout prix le combler.

➡ Pour écouter le silence, tu peux te référer à la méditation n° 10.

« Méditer ce n'est pas fait pour moi, je n'y arrive pas. »

Eh bien, sache que c'est… impossible. Pourquoi ? Tout simplement parce que la méditation est une activité où il n'y a rien à réussir. Tu ne peux donc pas échouer !

Si malgré tout tu as cette sensation, contente-toi de l'accueillir sans la juger, sans y attacher d'importance, sans te mettre de pression. Encore une fois, il n'y a pas d'enjeu dans la méditation, donc pas de notion de réussite ni d'échec, pas d'évaluation. Si tu te laisses tranquille, peu à peu, le personnage du tyran qui est en toi cédera la place à celui de l'ami et les choses commenceront à évoluer.

➡ *La méditation n° 1 te guidera pour apprendre à te libérer de la pression de la réussite lorsque tu pratiques.*

« Pendant la méditation j'ai senti une grande tristesse, je ne pensais qu'à cela et j'ai commencé à pleurer. »

Là encore, comme face aux pensées, la méditation nous invite non pas à lutter contre nos émotions, mais au contraire à les accueillir sans les juger. Si tu pleures, au lieu de résister, laisse venir tes émotions et observe ce qui se passe. Tu constateras alors que c'est souvent quand on s'efforce de lutter contre la tristesse que celle-ci devient visible : elle se manifeste extérieurement, par des larmes ou des hoquets… Si au contraire tu accueilles ton émotion, tu sentiras ta tristesse, tu verseras peut-être une larme, mais tu ne seras pas submergé par cette émotion.

« *S'autoriser à être sensible n'implique pas de se laisser submerger par toutes les souffrances du monde, mais se donner l'autorisation d'être secoué, ému, épouvanté, en colère contre l'injustice […]. La pratique de la méditation, assis, le dos ferme et solide, la poitrine tendre et ouverte, exprime avec justesse l'attitude que j'ai adoptée face à la vie. J'ai acquis de la solidité, mais je ressens de la tendresse. Il m'arrive de pleurer, mais quelque chose en moi tient au-delà des pleurs – précisément parce que pleurer ne me gêne pas. C'est une expérience que je peux vivre et qui me dit quelque chose que j'ai à écouter. Voilà ce qui constitue ce que je nomme la troisième voie : ni rejeter sa vulnérabilité, ni en être écrasé*[29]. »

Fabrice Midal

➡ La méditation n° 11 te guidera pour apprendre à apprivoiser tes émotions durant tes méditations.

29. Fabrice Midal, *Foutez-vous la paix ! et commencez à vivre*, Pocket, 2018.

« Je n'arrive pas à méditer parce que j'ai mal au dos. »

À vrai dire, il est très courant de ressentir des douleurs pendant la méditation. On croit souvent qu'on médite pour se relaxer, mais c'est encore une idée reçue. Contrairement à la relaxation, qui est un ensemble de techniques (soins, massages, etc.) destinées à apporter un mieux-être face à une douleur physique ou psychique, la méditation se propose non pas de faire disparaître, mais d'accueillir cette douleur, comme nous le faisons avec nos pensées ou nos émotions.

La méditation nous propose de cultiver un autre rapport à la douleur que celui que nous connaissons habituellement. Au lieu de nous crisper, de résister ou encore de vouloir chasser la douleur, la méditation nous apprend à l'accueillir. Il est alors possible de se détendre, au sens profond, de ressentir une libération. En accueillant entièrement celui ou celle que nous sommes, sans rien rejeter, nous pouvons être en paix avec nous-mêmes.

« *De façon très frappante, accepter nos imperfections, accepter d'être plus vulnérables que nous le voudrions, nous libère d'un poids étouffant. Nous n'avons pas à nous défendre tout le temps de tout. Nous découvrons alors une joie réelle*[30]. »

Fabrice Midal

Quand tu pratiques, si une tension apparaît, il ne s'agit pas de la faire disparaître, mais plutôt de **regarder ce qui se passe** avec curiosité. Autrement dit, lorsque tu médites, tu peux essayer **de regarder** tes tensions **sans porter de jugement** sur elles, sans les considérer comme « bonnes » ou « mauvaises », comme nous avons tendance à le faire habituellement. Tu pourras alors te

30. Fabrice Midal, *Pratique de la méditation*, Le Livre de Poche, 2016.

surprendre toi-même en te découvrant capable d'agir autrement face à l'inconfort.

➡ Quand tu ressens une douleur en méditant, tu peux aussi essayer de porter ton attention ailleurs, sur les bruits extérieurs ou ton souffle, par exemple, pour faire en sorte que la douleur ne soit plus le centre de tes perceptions, mais seulement un élément parmi d'autres. En effet, plus nous nous focalisons sur la douleur, plus elle nous paraît intense. En accueillant cette douleur parmi tes autres émotions, tu constateras qu'elle se fera plus supportable.

➡ Enfin, la méditation ne consiste pas à se torturer : si la douleur est trop intense, tu peux aussi ajuster ta posture, t'appuyer contre le dossier de ta chaise, par exemple.

➡ Pour t'accompagner sur ce chemin, tu pourrais méditer en te laissant guider par les méditations n° 4 et 5.

« Chaque fois que je commence à pratiquer, je m'endors. »

Ce n'est pas un problème ! Ça arrive à de nombreux méditants. D'abord, rassure-toi, depuis que je transmets la méditation, j'ai vu bien des gens s'assoupir, mais jamais personne n'est encore tombé de sa chaise ou de son coussin…

➡ Il n'est pas nécessaire de lutter contre l'endormissement. Pourquoi ? Parce qu'au moment où tu t'endors, quelque chose qui n'est pas lié à ta volonté et que j'appelle « l'éclair de présence » viendra assurément te réveiller et te ramener au présent. Tu pourras alors profiter de ce « retour » pour porter ton attention sur ton corps, ton souffle ou ton environnement et revenir véritablement au présent. Si tu te rendors, ne résiste pas, et au lieu de t'en vouloir, célèbre plutôt chaque moment où tu te réveilleras, même s'il ne dure que quelques secondes. Il s'agit du même processus que face à un flux de pensées : dans la méditation, on ne lutte pas contre les pensées ou la torpeur, mais on les laisse aller et venir, afin qu'ils passent d'eux-mêmes.

➡ Toutes les méditations guidées accompagnant ce livre t'aideront à apprivoiser peu à peu ta torpeur.

En classe

« J'ai du mal à rester concentré en classe : est-ce que la méditation pourrait m'aider à me concentrer ? »

Comme je l'ai dit, la méditation va avant tout te permettre de te rendre compte des moments où tu n'es « pas là » alors que tu devrais être attentif (en classe, par exemple), et de revenir au présent grâce à l'un de ces trois piliers.

➡ Quand tu sens que tu es particulièrement agité, que tu as de nombreuses pensées qui t'empêchent d'être attentif, je te conseille de prendre le temps, l'espace de quelques instants, de **sentir ton corps** (méditation n° 2) ou de **respirer** (méditations n° 6 et 7) : pose tes pieds bien à plat sur le sol, sens le point de contact entre ta paume et tes cuisses, prends quelques respirations... Tu peux le faire en toute discrétion : personne ne le verra, mais ça te permettra de revenir concrètement dans l'espace de la classe. N'hésite pas à recommencer chaque fois que tu repars dans tes pensées : plus tu le feras, plus ta capacité d'attention se développera. Semaine après semaine, les effets n'en seront que plus perceptibles.

« Je suis nul à l'école, je n'ai aucune mémoire : je me sens bête. »

Moi aussi j'ai pensé cela ! J'ai eu une scolarité très difficile, mais en découvrant la méditation, j'ai compris que, contrairement à ce que j'avais longtemps cru, je n'étais pas un mauvais élève parce que j'étais bête, mais parce que je n'étais pas attentif en classe. J'étais présent physiquement, mais je pensais constamment à autre chose. Or quand on n'est pas attentif, la mémoire ne peut pas fonctionner : on ne retient rien. Si tu penses à ce que tu vas faire le soir alors que le prof parle, tu ne pourras pas retenir ce qu'il dit.

Je me rappelle cet élève qui affirmait qu'il n'avait « pas de mémoire », et était pourtant capable de faire montre d'un savoir encyclopédique dès qu'il évoquait sa passion, le football. Tout simplement parce que c'était un sujet auquel il était attentif. Il s'agissait donc d'un problème d'attention et pas de mémoire.

➡ Pour résumer : non, tu n'es pas bête, mais tu as sans doute un petit travail à faire concernant l'attention en classe, et la méditation peut t'y aider en t'apprenant à revenir au moment présent chaque fois que ton esprit est « ailleurs ».

➡ Toutes les méditations de ce livre pourront t'aider à te libérer des idées que tu as sur toi, mais la méditation n° 1 pourra vraiment t'aider à peu à peu te foutre la paix. En classe, tu pourras t'appuyer sur les piliers du corps et du souffle pour t'aider à revenir quand tu t'aperçois que tu n'es plus vraiment attentif.

« Je n'ose pas montrer que je suis bon à l'école par peur des moqueries. »

Tu aimerais intervenir en classe, mais tu n'oses pas, car tu as peur d'être jugé ? L'inquiet qui est en toi t'empêche d'aller de l'avant ? Sache d'abord qu'il n'est facile pour personne, adulte ou adolescent, de s'assumer sous le regard des autres. C'est ce regard qui nous pousse à faire des choses que nous n'aurions jamais faites dans d'autres circonstances, ou au contraire, qui nous paralyse, nous empêchant de faire des choses que l'on aurait pu faire. Pourtant, il n'y a aucune honte à aimer apprendre, bien au contraire !

➡ Il est primordial que tu constates que ce sont simplement des pensées ou des émotions qui traversent ton esprit. Dans ces moments-là, tu es traversé par une cascade émotionnelle : tu ressens d'abord le désir d'intervenir, puis la peur du regard moqueur des autres, plein d'images ou de souvenirs négatifs te reviennent et te paralysent, la prise de parole semble alors impossible. Commence par simplement regarder cette cascade sans la juger.

➡ Appuie-toi ensuite sur les piliers de la méditation, qui te propose de découvrir l'existence de ressources naturelles en toi pour surmonter cet obstacle et retrouver la confiance dans l'instant. Remarque comment dans ces moments où la peur est là, notre corps est souvent replié sur lui-même. Commence donc par simplement te redresser et sentir cette droiture naturelle qui va te redonner du courage. Tu peux également prendre le temps de sentir le souffle te traverser pendant quelques secondes. Ton attention ne sera alors plus focalisée sur la peur et il sera plus simple de prendre la parole.

➡ Les méditations sur le corps et le souffle, et en particulier la n° 5, pourront t'aider à sentir la manière dont ton corps peut t'aider à dépasser tes peurs. La méditation n° 1 sera également parfaite pour apprendre à te foutre la paix !

« Dès que j'arrive en classe, je me sens fatigué et je n'arrive pas à écouter. »

En fait, ce qui se passe, c'est que tu quittes un espace particulier pour rentrer dans un autre. L'ambiance change et le rythme aussi : tu passes de l'agitation de la cour de récréation ou des couloirs à la nécessité de s'asseoir sans bouger sur sa chaise et d'être attentif à la parole du professeur. C'est précisément l'exercice que propose la méditation. Se poser dans l'immobilité, cela s'apprend. Je te propose donc d'apprendre à faire régulièrement des pauses méditatives tout au long de la journée pour t'aider à mieux appréhender les changements de rythme et les transitions pour retrouver une pleine présence à ce que tu fais.

Plus tu apprendras à faire ces pauses méditatives, plus tu seras capable de ramener ton attention à ce qui se passe dans la classe. Tu pourras même travailler ce passage de la veille au sommeil, au moment du coucher, car si tu ressens de la fatigue en classe cela peut être aussi parce que tu ne dors pas suffisamment. En effet, le manque de sommeil est l'un des pires ennemis de l'attention.

➡ *Toutes les méditations de ce livre pourront être d'une aide précieuse pour t'accompagner à faire des pauses tout au long de la journée. Pourquoi ne pas commencer par méditer quelques minutes tous les matins pour lancer ta journée ?*

« En classe, je suis toujours en train de rêver. »

Rêver est un phénomène normal. La plupart du temps, ce n'est pas un problème, c'est même souhaitable. Mais comme souvent, tout est question de contexte !

➡ L'important, dans les contextes où tu dois être attentif, c'est de parvenir à identifier les moments où le personnage du rêveur se manifeste et te donne l'impression qu'il vaut mieux rêver plutôt qu'écouter le professeur ou réviser ta leçon. Ensuite, quand tu constates que tu es en train de rêver, tu peux t'appuyer sur l'un des piliers de la méditation (le corps, le souffle ou l'environnement) pour revenir au présent. Cela te permettra peu à peu d'apprivoiser le rêveur, qui distinguera alors les moments où il peut se manifester et ceux où il doit au contraire te laisser tranquille.

➡ En somme, la méditation ne t'empêchera pas de rêver : elle est simplement là pour t'aider à savoir à quel moment il est opportun de le faire et à quel moment ça ne l'est pas, et à agir en conséquence.

➡ Méditer te permettra de cultiver une plus grande vigilance et pour t'y aider tu peux t'appuyer sur toutes les méditations guidées de l'application. Ce sera également une manière de voir plus clairement le contraste entre les moments où tu rêves et les moments où tu es vraiment là.

« En classe, et même dans ma vie, je suis toujours en train de bouger : j'aimerais que la méditation m'aide à être plus calme. »

Contrairement à ce qu'on pense souvent, la méditation n'a pas pour but de nous « calmer ». Elle peut en revanche nous aider à sentir pourquoi nous sommes agités. Généralement, c'est le signe que quelque chose ne va pas.

➡ Mieux vaut procéder dans l'ordre : au lieu de te dire que tu dois absolument te calmer (et de te mettre la pression pour y parvenir), prends plutôt le temps d'essayer de déterminer l'origine de cette agitation. Est-ce que tu rencontres des difficultés en classe ? Dans ta vie personnelle ? Le simple fait d'en prendre conscience t'apportera déjà une forme d'apaisement.

➡ Quand tu constates que tu es agité, au lieu de lutter contre ce qui se passe en toi, contente-toi de l'accueillir, de ressentir cette agitation de manière corporelle. Ensuite, appuie-toi sur les deux autres piliers de la méditation pour t'ancrer dans le présent.

➡ Méditer, ce n'est pas se calmer, mais apprendre à faire la paix avec ce qui se passe en nous. Tu ne t'apaiseras pas en luttant volontairement contre toi-même, mais au contraire en accueillant cette agitation, puis en t'appuyant sur les piliers. Tu verras alors que l'agitation prendra de moins en moins de place.

➡ Toutes les méditations guidées de ce livre pourront t'accompagner à développer ta capacité à rester immobile quand la situation le demande.

Les écrans (portable, jeux vidéo et séries)

« Je n'arrive pas à m'arrêter de regarder ma série préférée, j'enchaîne les épisodes et je me couche très tard alors que j'ai cours le lendemain. »

Pourquoi est-il si difficile de ne pas enchaîner les épisodes d'une série ? Tout simplement parce que dans l'univers des séries, tout est fait pour empêcher le spectateur de décrocher. Sur Netflix ou YouTube, par exemple, plus besoin d'appuyer sur la télécommande : les vidéos s'enchaînent automatiquement. Dans ces conditions, il est très difficile de ne pas céder à l'impulsion de continuer à regarder, parfois jusqu'au bout de la nuit.

➡ Comment faire ? Après l'épisode que tu viens de regarder, et avant que le suivant ne commence, interromps simplement le programme et profite de cette transition pour te poser et faire quelques exercices de méditation. Respire, sens ton corps... Tu constateras que cette envie d'enchaîner les épisodes est une émotion certes intense, mais passagère. Ne supportant pas la frustration, l'impulsif en toi surgit et te dicte ton comportement. Si tu acceptes de prendre ces quelques minutes pour revenir au présent, il sera alors beaucoup plus simple de lâcher cette impulsion passagère et de passer à autre chose – aller te coucher, faire tes devoirs, lire... Par la suite, si tu fais cela régulièrement, tu parviendras sans trop de difficulté à t'autoréguler.

➡ Pour t'aider à travailler avec l'intensité émotionnelle, la méditation n° 11 pourra t'accompagner à apprivoiser l'impulsif en toi.

« Je ne peux pas m'empêcher de regarder tout le temps mon portable : quand je parle avec un ami, quand je révise, quand je mange, avant de dormir… »

Comme les séries, le portable est une véritable addiction. Et tout le monde est concerné ! On peut s'en inquiéter et le déplorer, mais il n'y a pas à culpabiliser, car les concepteurs d'applications ont développé mille et un procédés destinés à « piéger » leurs utilisateurs. Depuis que tu lis ce chapitre, combien de notifications as-tu reçues ? Combien de messages ? De sollicitations ?

La méditation pourra t'aider, mais elle ne supprimera pas ces sollicitations : le meilleur conseil que je puisse te donner est de commencer par prendre l'habitude d'éteindre ton téléphone portable ou de le mettre en mode avion quand tu travailles.

Imagine, par exemple, que tu doives réviser un contrôle d'histoire. Tu es motivé, tu te donnes une heure pour le préparer, mais ton portable est posé près de toi en mode normal. Au bout de quelques minutes, une notification t'indique que ta chaîne YouTube préférée a publié une nouvelle vidéo. Comment résister ? « Pourquoi tu te prends la tête ? te souffle le « petit singe » qui s'agite dans ton esprit. Après tout, ça ne dure que trois minutes et ton contrôle n'est qu'après-demain… » Alors tu regardes la vidéo en te disant que ce sera la seule. Là, tu viens de commettre ta première erreur. Car sur YouTube, tout est fait pour t'empêcher de décrocher : à la fin de la vidéo, on t'en propose une deuxième, qui se lance automatiquement. Tu t'étais pourtant dit que tu allais

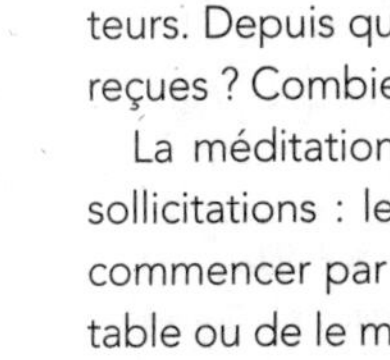

travailler, mais après tout, qu'est-ce que trois minutes de plus, dans une vie ? Tu craques, les vidéos s'enchaînent : tu as déjà perdu vingt minutes. Quand tu en prends conscience, tu reposes ton portable et tu te remets à travailler. Nouvelle notification : ton meilleur ami vient de t'envoyer un SMS. Déterminé à réviser, tu décides de ne pas répondre. Habitué à recevoir une réponse immédiate, ton ami t'envoie alors un deuxième message, puis un troisième… Au bout d'un moment, il t'appelle et tu craques : tu réponds. La conversation est anodine, mais elle dure vingt minutes. Quand tu raccroches enfin pour te remettre au travail, une voix t'appelle : « À table ! » Au total, tu auras travaillé entre cinq et dix minutes, au lieu de soixante…

➡ La première habitude à prendre est donc de couper ton portable ou de le mettre en mode avion quand tu veux travailler ou te coucher.

➡ Ensuite, comme avec les séries, la méditation pourra t'aider à ne pas céder à l'impulsion de regarder une vidéo ou de répondre à un appel. Ce sont des impulsions fortes qui, si on les accueille sans y céder et sans non plus lutter contre elles, finiront par passer, comme toutes les émotions, pour revenir au présent. À nous de trouver le courage de laisser l'impulsion nous traverser en profitant de l'interstice entre deux sollicitations pour respirer, se poser et décrocher.

➡ Tu peux aussi essayer de ne pas sortir ton portable en attendant le bus ou le métro, puis pendant un trajet entier… être à l'écoute de l'environnement, prendre un livre, regarder les gens…

➡ La méditation peut t'aider à ne pas te laisser prendre par le divertissement. Plus tu le feras, plus ce sera facile. Et tu verras qu'ensuite les moments de divertissement seront bien plus plaisants.

➡ Méditation n° 11 sur les émotions.

Le stress face à un enjeu (examen, compétition sportive…)

« Je dois passer un examen à l'oral et j'ai peur de parler en public. »

« Je suis toujours très stressé avant mes compétitions sportives et souvent je perds mes moyens. »

« Quand je dois faire quelque chose d'important, je suis très stressé, j'ai plein de mauvaises pensées et je perds la confiance en moi. »

Il est parfaitement normal de se sentir stressé avant un enjeu important, une activité nouvelle, *a fortiori* face à un public. Même les artistes ou les sportifs les plus aguerris ressentent encore du stress ou du trac avant une représentation ou un match, malgré l'expérience et la reconnaissance. La différence, c'est que chez eux, ça ne se voit pas forcément… Mais ça ne signifie pas que ça n'existe pas !

Ici, l'objectif de la méditation n'est pas de t'aider à chasser le stress – c'est presque impossible –, mais à l'apprivoiser, à l'accueillir, à en faire un ami, comme le font de nombreux artistes et sportifs avant d'entrer en scène ou sur le terrain.

Je me rappelle ainsi ce jeune footballeur, brillant à l'entraînement, mais qui perdait systématiquement ses moyens lors des compétitions. Après avoir découvert la méditation, il s'est mis à pratiquer quelques minutes dans les vestiaires les jours de match. Très vite, il a repris confiance, jusqu'au jour où il a enfin marqué un but durant une compétition : le premier depuis le début de la saison.

➡ L'important, quand le stress survient, est de ne pas se focaliser sur ce qui se passe dans notre tête. Tu peux commencer par ressentir ton stress dans ton corps, sentir son poids reposer sur la chaise. Tu peux aussi choisir de **travailler avec ton souffle**, pour sentir la vie circuler en toi, ou encore **porter ton attention sur la posture verticale**, synonyme de courage et de dignité, qui appelle la confiance en toi. Dans le cas d'un examen oral, cette posture apporte un double bénéfice :

- Quand nous nous tenons droits, notre corps envoie à notre cerveau des messages de confiance qui peuvent nous aider à ne pas perdre nos moyens, à trouver nos mots, à ne pas éprouver de « blanc » face à une question, pour, au contraire, développer notre présence d'esprit.
- Cette posture assurée aura également un impact positif sur la perception que le jury aura de toi.

➡ Quand nous sommes stressés, nous commettons l'erreur de nous focaliser sur nos pensées, de ressasser, de nous projeter pour essayer de maîtriser la situation – ce qui est impossible et ne fait que nous ramener aux précédents échecs ou aux autres situations de stress. La méditation nous invite au contraire à envisager le stress comme un processus normal, et à l'accueillir sans nous focaliser dessus, en ouvrant notre attention à autre chose – le corps, le souffle ou l'environnement.

➡ Les méditations guidées n° 1, 5, 11 et 12 pourront t'accompagner pour apprendre à apprivoiser ton stress et ton anxiété.

Émotions et angoisses

**« Je suis très sensible,
je pleure à la moindre contrariété,
même en public, et ça me fait honte. »**

La sensibilité n'est pas un problème, il n'y a pas à en être gêné. La méditation ne te permettra pas d'être moins sensible, mais elle pourra agir sur le sentiment de honte que tu ressens lorsque tu pleures et de mieux assumer ta sensibilité.

Si on supporte si mal sa sensibilité, c'est parce qu'elle vient nous envahir à des moments où elle ne devrait pas : en classe, en public… Mais plus tu l'assumeras, plus tu constateras qu'elle se manifestera dans des situations appropriées. En laissant plus de place à ta sensibilité, en en faisant une amie, elle cessera d'être un problème pour toi et deviendra une force.

➡ Concrètement, comment la méditation peut-elle t'aider lorsque tu sens les larmes monter au « mauvais » moment ? En fait, comme l'envie de rire, l'envie de pleurer est une impulsion, la manifestation d'une émotion intense. Si tu sens que cela pourrait te poser un problème, alors prends quelques instants pour te poser, pour accueillir ta tristesse. Si tu lui as laissé de la place, si tu ne cherches pas à résister, il y a tout à parier que les larmes ne viendront pas. Ta tristesse est comme une tempête pour un marin : le meilleur moyen de la traverser sans encombre est de faire face pour l'éprouver, en ayant confiance que derrière les nuages tu retrouveras bientôt le ciel bleu et un grand soleil.

➡ Quand je suis pris dans une tempête émotionnelle (colère, tristesse, peur…), j'ai d'abord envie de prendre la fuite, de me cacher et parfois de lutter en refusant la réalité. Puis je me souviens que la méditation m'enseigne de rester là, de ne pas bouger et de faire face. Dans ces moments, je songe à une phrase de Franz Kafka qui me donne le courage nécessaire pour traverser cette tempête : « Violente averse. Mets-toi face à la pluie, laisse ses rayons de fer te pénétrer, glisse dans l'eau qui veut t'emporter, mais ne bouge pas, reste droit et attends le soleil qui va couler à flots, subitement et sans fin. »

➡ La piste n° 11 te guidera pour apprendre à apprivoiser tes émotions lors de tes méditations.

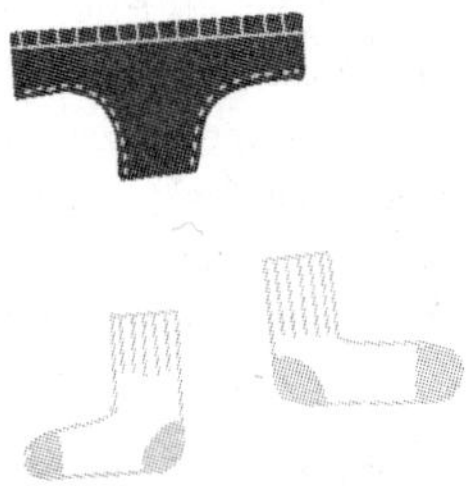

« On se moque toujours de moi et j'ai très peur de sortir de chez moi : est-ce que méditer pourrait me protéger du monde ? »

En réalité, et ça va peut-être te paraître un peu brusque, mais la méditation n'est pas là pour te protéger du monde, au contraire : elle te fera découvrir que tu possèdes des ressources insoupçonnées pour t'y ouvrir pleinement.

La vraie question que pose la méditation n'est donc pas : « Comment me protéger du monde ? », mais : « Comment m'ouvrir au monde ? » Pour débuter ce travail d'ouverture, la première étape est d'entrer en amitié avec toi-même : pratiquer la méditation est une magnifique manière de t'entraîner à le faire concrètement.

« *Aimer quelqu'un, c'est lui dire "sois", "il est bon que tu sois celui que tu es", "je ne te demande pas de te transformer, d'adopter tel ou tel comportement ou manière d'être pour t'accepter". Or méditer c'est avoir exactement cette attitude envers soi-même*[31]. »

Fabrice Midal

➡ Ainsi, avant toute chose, la méditation va te permettre de **t'ouvrir à toi-même, de t'accepter tel que tu es.** Parce que nous sommes humains, nous avons tous des failles, des fragilités, des manques, et la méditation représente un apprentissage pour faire la paix avec cette vulnérabilité. Pour utiliser une image de la tradition méditative reprise par Chögyam Trungpa et qui m'aide beaucoup :

31. Fabrice Midal, *Pratique de la méditation*, Le Livre de Poche, 2016.

« Les fermiers sans expérience jettent leur fumier et achètent de l'engrais aux autres paysans, alors que le cultivateur averti récolte et amasse son propre fumier malgré la puanteur et le sale travail, et que lorsqu'il est prêt à être utilisé, il le répand sur sa terre pour tirer de là sa moisson. Telle est la méthode habile. »

➡ Si tu te sens stressé avant de sortir ou d'aller à l'école, au lieu de lutter contre ta vulnérabilité, prends simplement quelques minutes pour l'accueillir. Peu à peu, sans même le vouloir, tu parviendras à t'ouvrir aux autres. Alors, peut-être, tu constateras qu'il y a dans ton entourage un ami, un parent, une personne prête à t'aider, à qui tu pourras te confier. À mesure que tu accepteras d'accorder ta confiance à cette personne, puis à d'autres, ce cercle amical, au sens large du terme, s'agrandira.

➡ Pour t'aider concrètement à lever l'obstacle qui t'empêche de sortir de chez toi, tu peux te référer aux méditations guidées n° 1 et 12.

« Je suis inquiet, j'ai toujours besoin d'imaginer de quoi l'avenir sera fait. »

Sache d'abord que cette inquiétude concernant l'avenir est partagée par pratiquement tout le monde ; nous cherchons à imaginer de quoi demain sera fait, dans l'espoir de le maîtriser.

➡ Pose-toi d'abord quelques questions : dans quelles situations essaies-tu d'imaginer l'avenir ? Cela t'aide-t-il vraiment ou au contraire est-ce encore plus inquiétant ?

➡ Je te propose un petit exercice : chaque fois que tu commences à te projeter dans ce futur qui t'angoisse (la semaine qui précède un examen, par exemple), essaie de revenir au moment présent grâce à l'un des piliers de la méditation. Recommence l'exercice le plus souvent possible, jusqu'au jour J. Tu t'apercevras alors sûrement que le fait de ne pas avoir anticipé ce moment ne t'empêchera pas de bien le vivre, au contraire.

➡ Dans ce genre de situation, les méditations n° 1 et 11 du « toucher-lâcher » seront un appui précieux pour traverser ces moments où tu es assailli par ces pensées qui te poussent à vouloir maîtriser entièrement ton avenir.

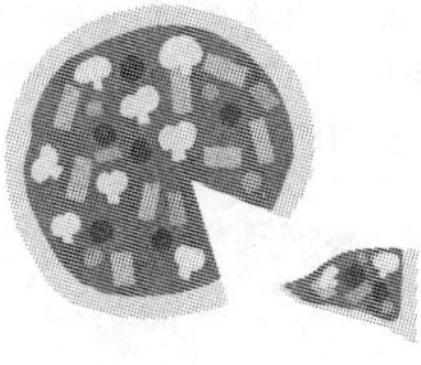

« Je me mets toujours la pression pour que tout ce que je fais soit parfait et je ne suis donc jamais satisfait de moi-même – j'imagine toujours que j'aurais pu faire mieux et c'est très angoissant. »

Dans les moments où tu te mets la pression et où tu te sens insatisfait, c'est le personnage du tyran qui prend les commandes de ton esprit. L'aspiration de la méditation est de te permettre de laisser plus de place à l'ami.

➡ La méditation peut t'aider à mettre les conditions pour laisser plus de place à l'ami. Tu peux commencer par te poser sur une chaise sans objectif, sans chercher à vouloir réussir quelque chose. Tu ressens ton corps, ton souffle, tels qu'ils sont, là maintenant, sans faire d'effort. Pendant ce temps de pause que tu t'accordes, il n'y a rien à faire. En revenant à la simplicité du présent, tu peux simplement « te foutre la paix » et sentir comme c'est bon d'être simplement vivant.

➡ Chaque fois que tu ressens la moindre pression, la moindre insatisfaction, tu touches cette sensation désagréable, puis tu la lâches juste après, tu te fous la paix à nouveau. Et tu reproduis ce mouvement de toucher-lâcher autant de fois qu'il le faudra.

➡ Il se peut alors que petit à petit tu sois plus enclin à sentir la présence d'une grande bienveillance qui réside en toi pour t'aider à relativiser le fait de ne pas être parfait, c'est la voix de l'ami, elle est capable de guérir toutes tes blessures. En méditant j'ai compris qu'entrer en amitié avec soi-même cela s'apprend.

➡ Méditations n° 1, 11 et 12.

« J'ai du mal à dormir presque tous les soirs. »

La difficulté à trouver le sommeil est un fléau qui touche tout le monde ou presque, les jeunes comme les adultes. Inutile pourtant d'en faire une obsession, car **plus tu te focaliseras sur la nécessité de s'endormir, moins tu y parviendras.**

Pourquoi est-il si difficile de trouver le sommeil ? Le plus souvent, parce qu'au moment de se coucher, on est assailli de pensées : on refait le film de la journée, on anticipe celle du lendemain… Tu le sais déjà, la méditation peut être d'une grande aide face à un afflux de pensées. Mais sais-tu qu'il est tout à fait possible dans ce genre de situation de **méditer sans sortir de son lit** ?

➡ Commence par sentir tout ton corps. Éprouve la fermeté du matelas, le contact de la tête avec l'oreiller, la texture des draps, le poids de la couette… Chaque fois que des pensées affluent à ton esprit, reviens, sans culpabilité, à ton corps allongé dans ton lit. Alors, peu à peu, tu pourras sentir ton souffle et commencer à compter tes respirations. Une, deux, trois… Une pensée arrive. Ce n'est pas grave, reviens à ta respiration. Une, deux, trois… Une autre pensée. Une, deux, trois… À force de répéter l'exercice, tu t'endormiras sans même t'en rendre compte.

➡ L'idée, ici, est de sortir de la « volonté » de dormir et de te laisser porter par les piliers de la méditation, le corps puis le souffle. « Vouloir dormir », c'est contrôler et cela créera d'autant plus de tensions et autres crispations : **pour dormir, au contraire, il faut lâcher le contrôle.**

➡ Toutes les méditations proposées dans ce livre pourront t'aider, et je te propose de toutes les expérimenter jusqu'à ce que tu trouves celles qui seront les plus propres à t'accompagner sur le chemin de l'endormissement.

« Je ne me supporte plus, je me compare toujours aux autres… En fait, j'aimerais être quelqu'un d'autre. »

Tu n'es pas seul dans ce cas. À ton âge, j'étais exactement comme cela. Je ne me supportais pas et je me comparais sans cesse aux autres. Je rêvais tous les soirs d'être quelqu'un d'autre. En commençant la méditation, je pensais que cette pratique allait enfin me permettre de pouvoir être quelqu'un d'autre, de chasser tous mes défauts que je trouvais insupportables pour enfin ressembler aux personnes que j'admirais. Ce n'est pas du tout ce qui s'est passé : la méditation m'a au contraire ouvert un chemin pour m'accepter tel que j'étais, pour assumer entièrement mon propre style.

Pour prendre une image : c'est comme si je n'acceptais pas que dans mon jardin pousse des tournesols et que j'enviais terriblement les roses, les narcisses et les tulipes de mes voisins parce qu'ils me paraissaient plus resplendissants. En fait, je m'en voulais terriblement d'être ce que j'étais. Des années plus tard, j'ai découvert la méditation. Elle ne m'a pas permis de faire pousser de nouvelles fleurs – c'est-à-dire d'être quelqu'un d'autre, mais grâce à elle, j'ai arrêté de me comparer à mes voisins pour assumer mon propre style.

➡ Nous sommes tous riches d'un trésor unique et inestimable, pas besoin de chercher ailleurs ce qui est déjà là. Méditer nous apprend à arrêter de chercher ce trésor à l'extérieur de soi pour rentrer à la maison.

➡ Méditer nous apprend à rentrer à la maison et à accueillir ce que l'on est, à se « réunifier ». Notre maison n'est pas toujours confortable, mais quand nous rentrons chez nous, nous ressentons un profond soulagement. Pourquoi ? Parce que nous pouvons y être nous-mêmes, tout simplement.

➡ Quand tu ressens à nouveau ce désir d'être quelqu'un d'autre, je te propose de pratiquer les méditations n° 11 et 12.

« Je ressens très souvent de la colère et dans ces moments je ne peux pas me retenir de devenir agressif et violent. »

Nous avons tous en nous une part d'agressivité et de violence, sur laquelle il est nécessaire de travailler. Chez certaines personnes, cela se manifeste de façon plus visible que chez d'autres, à des moments inappropriés.

La violence est une impulsion : une émotion forte qui te pousse à agir par réaction. Pour l'apprivoiser, tu dois d'abord profiter des moments où elle n'est pas trop intense pour essayer de la ressentir dans ton corps. Parfois, cela suffit à la désamorcer, à t'éviter d'y réagir.

➡ Chaque fois que tu ressentiras cette colère, essaie de ne pas en faire toute une histoire, de ne pas en rajouter ni t'en vouloir. Contente-toi de l'accueillir, de la ressentir dans ton corps. Dès lors, tu cesseras de l'alimenter et elle ne grandira plus. Tu constateras alors qu'elle se manifeste dans des moments très précis et tu seras plus à même de l'identifier et d'entrer en amitié avec elle. Il ne s'agit pas de lutter contre elle, de la dominer, mais de l'apprivoiser, de lui donner la place qui lui revient parmi l'éventail des émotions de l'être humain.

➡ Cela permet aussi de distinguer les colères justes et légitimes de celles qui ne le sont pas. Plus tu travailleras sur ton rapport à la colère, mieux tu seras capable de faire cette distinction, d'assumer de ressentir des colères légitimes et d'apaiser celles qui le sont moins.

➡ Pour mieux accueillir tes émotions et y réagir de manière moins impulsive, je t'invite à pratiquer les méditations n° 4, 5 et 11.

REMERCIEMENTS

Un livre n'est jamais le résultat du travail d'une seule personne, d'un seul auteur enfermé dans sa tour d'ivoire. Un livre est au contraire le fruit de rencontres, d'échanges, d'un tissu relationnel sans lesquels il n'aurait jamais pu voir le jour. Il est donc essentiel de prendre le temps de dire MERCI.

Ce merci s'adresse à toutes les personnes importantes qui ont jalonné mon parcours de vie, qui ont contribué d'une manière ou d'une autre à façonner l'être humain que je suis aujourd'hui. Elles sont nombreuses et j'espère qu'elles se reconnaîtront.

Une gratitude sans limites à Fabrice Midal pour m'avoir ouvert, il y a 10 ans, le chemin de la méditation. Merci à lui de transmettre une pratique méditative reliée à la source la plus originelle, mais avec un visage moderne ; une pratique qui s'adresse à des Occidentaux vivant au XXIe siècle, capable de donner des réponses aux grandes questions de notre temps. Merci de m'avoir appris à ne plus m'excuser d'être ce que j'étais et à oser aller vers mon risque. Merci de m'avoir poussé à écrire ce livre pour témoigner de mon expérience méditative sur le terrain auprès des adolescents.

Merci à tous les membres de l'École occidentale de méditation, qui œuvrent chaque jour pour faire vivre la pratique de la méditation dans un espace non instrumental, pour ne pas faire de cette pratique ancestrale une simple technique de bien-être de plus.

Merci à Liza Faja de m'avoir accompagné avec tant de bienveillance dans la découverte du monde de l'édition.

Merci à Aurélie Aminian d'avoir cru à ce projet d'écriture et mis toutes les conditions de départ pour qu'il prenne vie.

Merci à Marie Pichon, Pauline Gaillard et Caroline Obringer d'avoir accompagné ce livre jusqu'à son terme et créé les possibilités de son rayonnement.

Merci à Judith Vernant pour son écoute pleine d'empathie et sa formidable capacité à mettre en mots l'aventure humaine retranscrite dans cet ouvrage. Nous avons travaillé main dans la main pour écrire ce livre et ma reconnaissance pour son travail est infinie.

Merci à ma formidable femme, Olympia, ma première relectrice et un soutien sans failles dans tous les moments de ce doute qui accompagne inéluctablement l'écriture d'un livre ; sa confiance est un souffle qui me pousse à dépasser tous les obstacles.

Merci également à mes parents, mes frères et mes sœurs pour leur amour inconditionnel.

Merci enfin à mes deux trésors, mes fils Phèdre et Orphée.

TABLE DES MATIÈRES

PRÉFACE 9
INTRODUCTION 13

TROUVER SA VOIE 19

Des rencontres décisives 23
Aller à la rencontre de ses peurs 26
Un nouveau regard sur soi 28
Assumer ses failles 36
Rencontre avec la méditation 40
S'ancrer dans le présent 47
Que faire avec ses pensées ? 48
Retrouver une qualité d'écoute 50
La possibilité d'être soi 52
Retrouver l'intelligence du corps 55
« Danser » avec les situations 57
Méditer avec les éducateurs 60
Le projet 62
De l'expérimentation à la reconnaissance 64

MÉDITER AVEC DES ADOLESCENTS 69

L'adolescence : une première zone de turbulences dans un monde en crise 71
Des méditants pas comme les autres 88

Se montrer authentique 88
Partager la parole 90
Créer une atmosphère propice 91
La clé de départ : se « foutre la paix » ! 92
Accueillir ses émotions et ses pensées 93

ET SI ON MÉDITAIT ? 101

Pour commencer, foutez-vous la paix ! 106

Pour aller plus loin... 137

GUIDE PRATIQUE 143

Méditer 146

En classe 160

Les écrans (portable, jeux vidéo et séries) 166

Le stress face à un enjeu (examen, compétition sportive...) 169

Émotions et angoisses 171

REMERCIEMENTS 183

NOTES

Pour aller plus loin,
découvrez le site Internet de Mathieu Brégégère

HTTPS://WWW.MATHIEUBREGEGERE.COM

et le site Internet de l'École occidentale
de méditation

HTTPS://WWW.ECOLE-OCCIDENTALE-MEDITATION.COM

Cet ouvrage a été composé et mis en page
par Nord Compo à Villeneuve-d'Ascq

Imprimé en France par CPI
en septembre 2021
N° d'impression : 3044400

Pocket – 92 avenue de France, 75013 PARIS

S31766/01